Kleinert

Imke Kleinert ist zertifizierte Ernährungscoach, Autorin und Tourismusbetriebswirtin. Sie schreibt als freie Autorin für Unternehmen und Magazine aus dem Gesundheits- und Tourismussektor. Der Fokus ihrer Ernährung liegt seit vielen Jahren auf einer ausgeglichenen Säure-Basen-Balance. Viel Freude macht es ihr, gerade Einsteiger für diese Methode zu begeistern, die ihr so guttut. Unter dem Label *basisch fit* hat Imke Kleinert mehrere Bücher geschrieben und bietet ein eigenes Online-Training zum Thema basische Ernährung an. Weitere Informationen finden sich auch auf www.basischfit.de. Sie lebt und arbeitet in Köln.

Imke Kleinert

Basisch to go

Einfache Rezepte fürs Büro und flotte Feierabendgerichte

TRIAS

Vital-Bowl (Rezept Seite 122)

7 Hallo und willkommen!

9 Gesund im Büro?

10 Säuren runter, Basen hoch
11 Dein bisheriger Büroalltag
11 Der basische Bürotag
14 Was sind Säurebildner?
17 Die Mittagspause

21 Stress – der größte Säurebildner im Büro
22 Die Lösung – bade es einfach aus!
25 Du bist der Kapitän deiner Gedanken
25 Schlechte Luft und Sick-Building-Syndrom
27 Schlafmangel
29 Wachmacher und Snacks im Büro
33 Alles im Fluss – im Büro basisch bleiben
39 Stolperfallen
43 Gute Laune macht den Büroalltag leichter

45 Gesund snacken
45 Leckere Knabbereien
46 Der kleine Hunger

52 Die besten Booster fürs Büro
56 Booster für die Erkältungszeit
59 Brainbooster für mehr Gelassenheit und Stressresistenz
62 Der Einstieg
66 Keep it simple
66 Zum Kochen auf Vorrat
68 Tipps und Hinweise zur basischen Küche

74 Transportbehälter fürs Büro
74 Boxen in allen Variationen

82 Guideline für Geschäftsessen
82 Basische Alternativen im Restaurant

85 Die Rezepte

86 Frühstück

102 Für Mittag und Abend

128 Saucen und Dips

138 Snacks, Süßes und Getränke

150 Service
150 Stichwortverzeichnis
152 Rezeptverzeichnis

Das Rezept zum Coverbild finden Sie auf Seite 115.

Rucola-Kartoffel-Salat (Rezept Seite 125)

Hallo und willkommen!

Haben sich bei dir vielleicht im Laufe der Zeit einige ungesunde Routinen in deinen Büroalltag eingeschlichen und du merkst, dass sie dir nicht unbedingt gut bekommen? Bei vielen von uns sind die Anforderungen am Arbeitsplatz sehr hoch: Es wird eine konstant hohe Leistungsfähigkeit erwartet, wir benötigen ein hohes Energielevel, müssen wach bleiben, möglichst ausgeglichen sein, konzentriert unsere Aufgaben erledigen und dabei bestenfalls noch »gut« aussehen und immer freundlich sein. Und wie sieht es für gewöhnlich bei vielen aus? Wir quälen uns morgens aus dem Bett, frühstücken schnell oder gar nicht, haben Stress mit dem Chef und Kollegen und am Ende des Tages fühlen wir uns wortwörtlich »sauer«. Womit wir beim Thema wären und deutlich wird, welchen Einfluss der Säure-Basen-Haushalt auf unsere Gesundheit und unser Wohlbefinden haben kann. Fehlen uns Basen (Laugen) und ernähren wir uns überwiegend von Nahrungsmitteln mit »leeren« Kalorien, fühlen wir uns am Ende des Tages dementsprechend – leer und ausgelaugt. Mit der Zeit wird es immer schwieriger, in diesem Zustand den täglichen Anforderungen im Job gerecht zu werden. Im Umkehrschluss zeigt uns dies, welche großartige Möglichkeit wir haben, mit unserer Ernährung unseren Berufsalltag positiv zu beeinflussen. Wer möchte nicht mit viel Energie in den Morgen starten und am Ende des Tages ausgeglichen in den Feierabend gehen? Lass uns sofort beginnen und nach Lösungen schauen, wie wir deinen Tag basischer gestalten.

Viel Freude mit der basischen Ernährung
Liebe Grüße, Imke

PS: Alle Leser meiner Bücher haben kostenlosen Zugang zu meinem Mitgliederbereich mit weiteren Tipps und Rezepten. Schreib mir für die Zugangsdaten einfach eine E-Mail an: info@basischfit.de Betreff: »Members«.

Gesund im Büro?

Auch wenn heutzutage immer mehr Menschen im Homeoffice arbeiten und uns das sicher auch in Nach-Corona-Zeiten erhalten bleiben wird, ist für viele das Büro der Hauptarbeitsort.

Säuren runter, Basen hoch

Arbeitssituation und Raumatmosphäre im Büro sind oft nicht dazu angetan, unsere Gesundheit zu stärken. Hier müssen wir selbst aktiv werden.

Ein flimmernder Bildschirm, hüstelnde Kollegen, trockene Heizungsluft, viel Stress und wenig Bewegung: Unter diesen Voraussetzungen sollen wir gesund und leistungsfähig bleiben? Eine Herausforderung, die jeder für sich selbst meistern muss, denn der Arbeitgeber hat hier nicht immer ein offenes Ohr, obwohl gerade Chefs daran interessiert sein sollten, alles dafür zu tun, dass Mitarbeiter möglichst gesund und vital bleiben. Doch worauf warten? Lasst uns, soweit es uns möglich ist, selbst dafür sorgen, dass wir uns im Büro gesund ernähren und uns die Umstände so angenehm, wie es in dem jeweiligen Spielraum möglich ist, gestalten. Aber wie ernst nimmst du die Eigenverantwortung in Bezug auf deine Gesundheit? Greifst du im Büroalltag auch gern mal zu einem Stück Kuchen, einer Tasse Kaffee oder Schokolade? Oft neigen wir besonders beim Arbeiten zu zuckerhaltigen Nahrungsmitteln oder Koffein, um uns aus unserem Energietief möglichst schnell wieder herauszuholen. Dies gelingt jedoch leider meistens nur für eine kurze Zeit und wir machen uns schnell wieder auf die Jagd nach der nächsten Tasse Kaffee oder einem möglichst zuckerreichen Snack. Eigentlich ganz schön anstrengend, oder?

Interessant ist, dass wir uns besonders in stressigen Situationen, wenn wir unseren Körper eigentlich mit einer Extraportion Nährstoffe unterstützen sollten, genau gegenteilig ernähren. Und was passiert dann? Durch eine unausgewogene Ernährung und Stress entstehen im Körper vermehrt Säuren, die von unserem Organismus neutralisiert werden müssen. Dafür benötigt er basische Mineralstoffe wie Calcium, Kalium oder Magnesium, die bei unzureichender Zufuhr über die Nahrung aus den körpereigenen Depots wie Knochen oder Haarboden entnommen werden. Unschöner Haarausfall, brüchige Fingernägel oder sogar chronische Krankheiten und Erschöpfung können die Folge sein. Doch das Erfreuliche ist, es geht auch anders:

Dein bisheriger Büroalltag

Bisher sah dein Start in den Bürotag vielleicht nicht so gesund aus. Für eine gesunde, basenreiche Ernährung am Arbeitsplatz fehlte dir oft die Zeit oder auch die Motivation und das »How to«. Aber mal Tacheles geredet, wie sieht es denn zurzeit eigentlich mit deiner Ernährung im Büro aus? Vielleicht ähnlich wie folgt?

Gerade in der Firma angekommen, erst mal einen Kaffee – mit Milch und Zucker, sonst schmeckt er ja nicht. Gegen 10 Uhr gibt es dann ein leckeres Knuspermüsli oder ein Brötchen. Um 12 Uhr stehen auch schon die Kollegen auf der Matte und haben Hunger, auf geht es gemeinsam zum Baguetteladen an der Ecke. Warum auch nicht, da warst du in dieser Woche ja auch erst einmal. Am Nachmittag macht dir ein Kollege eine kleine Freude und schenkt dir ein bisschen Schokolade. Und dann ist da ja auch noch der Ausstand, Einstand, Geburtstag mit Kuchen, Keksen und ein bisschen Sekt.

Ist der Arbeitstag zu Ende, holst du dir noch schnell etwas beim Bäcker, bestellst etwas beim Lieferdienst, oder Nudel- bzw. Fertiggerichte müssen herhalten. Alles bequem und nachvollziehbar, aber eben auch alles andere als gesund. Dabei hilft dir gesunde Ernährung im Büro nicht nur, lästige Pfunde zu vermeiden (oder wieder loszuwerden), sondern auch, dich wohler, selbstbewusster zu fühlen und gute Laune zu bekommen. Mal davon abgesehen, dass sich basische Lebensmittel auch positiv auf Haare, Haut und Nägel auswirken können.

Zum Glück ist es auch gar nicht so schwer, den Tag zu Hause und auch im Büro basen- und damit mineralstoffreich zu gestalten. Aber wie würde so ein basischer Büroalltag jetzt in der Praxis aussehen?

Der basische Bürotag

Wer sich tagsüber nährstoffreich ernährt, merkt meistens sehr schnell eine Veränderung. Nicht nur auf körperlicher, sondern auch auf geistiger Ebene mit mehr Klarheit im Kopf und einer verbesserten Konzentrationsfähigkeit. Man hat reichlich Energie, um aktiv in den Tag zu starten, und auch noch am Abend genügend Motivation für Freunde und Hobbys, anstatt auf der Couch zu landen.

Wie wäre es morgens erst mal mit einem Basentee? Dann ein schönes großes basenreiches Frühstück aus Obst, Mandeldrink, Sonnenblumenkernen und Buchweizen? Du hast morgens keine Zeit? Bereite dir einfach das Frühstück schon am Abend vor, damit du morgens gar nicht erst zu Säurebildnern wie herkömmlichen Brotsorten oder industriellen Aufstrichen greifst. Durch das Einweichen glutenfreier Pflanzen kann das Frühstück schon am Abend vorher zubereitet werden, damit du es dann am Morgen nur noch durch frisches Obst oder Toppings zu ergänzen brauchst. Damit ist der Körper bereits am Vormittag gut versorgt und bleibt von säurebildenden Nahrungsmitteln, wie industriellen Marmeladenbrötchen mit leeren Kalorien und viel Zucker, verschont.

Wenn du dir dein basisches Müsli zubereitest, taste dich hinsichtlich Toppings und Obst langsam heran. Nicht jeder verträgt Obst in Kombination mit glutenfreien Pflanzen. Auch zu viele Obstsorten und andere Lebensmittel durcheinandergemengt können grundsätzlich zu Unverträglichkeit führen. Mische daher immer erst nach und nach Zutaten hinzu und finde deinen eigenen Weg.

Neben Basenmüsli gehört durchaus auch mal selbst hergestelltes Brot mit einem Basenaufstrich zu einem basischen Start in den Tag. Nach dem Frühstück gibt es als Snack vielleicht ein paar Cracker (Seite 65) und eine Banane, zwischendurch Chiasamenpudding (Seite 88) oder zum Knabbern einige Sesammandeln. Statt Kaffee hilft dir Ginsengtee auf natürliche Weise über ein Tief hinweg, ganz ohne die negativen Begleiterscheinungen wie Heißhungerattacken oder ein ständiges energetisches Auf und Ab, wie es bei Kaffee der Fall sein kann. Und mittags? Wenn die Kantine im Büro überwiegend Fertigprodukte anbietet, kann auch hier einfach das eigene Essen vorgekocht – Gemüsebratlinge (Seite 108), Salate (Seite 19) oder Hirsegerichte (Seite 100) – und kalt in einer Schale mitgebracht werden. Mittags sind Salate mein Top-Favorit oder Gemüse vom Vorabend. Im Büro esse ich meistens alles kalt, weil ich kaum eine Möglichkeit habe, etwas warm zu machen. Meine Salate sind schön bunt, mit Tomaten und Gurken, Hülsenfrüchten und Sprossen. Ab und zu gibt es Kartoffelsalat (Seite 125), Zucchinispaghetti oder Quinoasalat (Seite 111) mit Gemüse.
Ich habe immer Mandeln, Rosinen oder selbst gemachte Riegel (Seite 145) für zwischendurch dabei. Hungern gehört bei mir nicht zum Alltag, es gibt immer etwas Obst und ich trinke auch ganz viel Tee und Wasser (1 bis 1,5 l), damit ich Kopfschmerzen und Heißhungerattacken vorbeuge.

Falls sich bei euch eine Mikrowelle in der Büroküche befindet, fragst du dich vielleicht, ob du sie nutzen solltest. Sicherlich kennst du die Antwort bereits. Mikrowellenstrahlung kann unter anderem die chemische und auch die

Die Banane ist ein idealer basenreicher Snack für zwischendurch.

molekulare Struktur von Lebensmitteln verändern. Wir wollen unseren Körper unterstützen und wieder Lebensmittel zu uns nehmen, die unverändert, natürlich und nährstoffreich sind. Nahrungsmittel aus der Mikrowelle sind zwar der einfachere, aber nicht der empfehlenswertere Weg. Eine Alternative wäre vielleicht zumindest ein Mixer. Einige Speisen, wie Suppen, kannst du nämlich auch in einem Mixer erwärmen, den du dir natürlich auch in der Büroküche aufstellen kannst, wenn dies erlaubt ist (unbedingt die Sicherheitsvorschriften beachten).

Was sind Säurebildner?

Zu den Säurebildnern in unserer Ernährung gehören unter anderem Fleisch, Fisch, Wurst und Käse. Was oft nicht bekannt ist, auch konventionelles Brot und Backwaren zählen zu den ungesunden säurebildenden Nahrungsmitteln. Dabei sind nicht alle säurebildenden Lebensmittel per se schlecht bzw. ungesund. Zu den ungesunden Säurebildnern gehören Nahrungsmittel, die uns überwiegend leere Kalorien, aber kaum Mineralstoffe liefern. Wer morgens mit einem Käse- oder Marmeladenbrötchen startet, Pasta, Pizza, Keksen und Kuchen nicht abgeneigt ist, muss daher leider einkalkulieren, dass ihm zum Ausgleich einer Übersäuerung basische Mineralstoffe fehlen.

Häufig wird diskutiert, ob es überhaupt eine Übersäuerung des Körpers gibt. Das hat einen einfachen Grund, denn für eine Übersäuerung gibt es mehrere Definitionen. Naturheilkundler z. B. sprechen bei den ersten möglichen Folgen von zu vielen Säuren im Körper von einer latenten Übersäuerung. Sie ist nicht zu verwechseln mit einer Azidose, wie Ärzte eine Übersäuerung des Blutes nennen. Unser Blut weist einen basischen pH-Wert auf, der immer zwischen 7,3 und 7,45 liegen muss. Dieser pH-Wert ist die Voraussetzung dafür, dass unser Körper lebensfähig ist. Der pH-Wert ist ein Maß für den Säuregrad einer Flüssigkeit. Bei einem Wert unter 7 sprechen wir von einer sauren Flüssigkeit, über 7 von einer basischen Flüssigkeit. Unser Körper besitzt einige Puffersysteme, die unser Blut im basischen Bereich halten. Kommt es zu einem Übermaß an Säuren in unserem Körper, werden sie mithilfe von basischen Mineralstoffen zu Neutralsalzen neutralisiert. Bei diesen Neutralsalzen handelt es sich übrigens um die sogenannten Schlacken. Diesen Begriff hast du sicherlich schon öfter gelesen und kannst damit mehr anfangen als mit dem Wort »Neutralsalze«. Die Schlacken können in unserem Organismus im Bindegewebe, in der Muskulatur oder aber auch in den Knochen abgelagert werden, was zu gesundheitlichen Beeinträchtigungen führen kann. Hier sprechen Naturheilkundler bereits von einer (latenten) Übersäuerung.

Obwohl wir wissen, dass Gemüse und Obst gesund sind, essen wir es meist nicht täglich. Dabei kann regelmäßiger Gemüse- und Obstverzehr sogar die geistige Leistungsfähigkeit verbessern.

» *Kommt es in unserem Körper zu einem Übermaß an Säuren (unter anderem durch die Ernährung), versucht der Körper, diese Säuren auszuscheiden und zu puffern und unseren Körper bestmöglich zu schützen.* «

Zu den basenreichen Lebensmitteln gehören:

- Gemüse
- Kartoffeln
- Salate
- Kräuter
- Sprossen
- Trockenfrüchte
- Mandeln
- Obst

Zu den Lebensmitteln, die zwar Säuren bilden, aber deren Nährstoffanteil überwiegt (gesunde Säurebildner) gehören z. B.:

- Hülsenfrüchte
- Urgetreide
- glutenfreie Pflanzen

Sie können 1- bis 2-mal in der Woche als Beilage zu einer basenüberschüssigen Mahlzeit verzehrt werden, ebenso wie Fisch und Fleisch. Tierische Produkte gehören jedoch wegen ihres Eiweißanteils zu den Säurebildnern und sollten daher in einer basenreichen Ernährung stark reduziert werden.

Nicht in eine basenreiche Ernährung gehören Nahrungsmittel, die Säuren bilden und dazu weder Nährstoffe enthalten noch sonst einen gesundheitlichen Mehrwert bringen (ungesunde Säurebildner).

Zu den ungesunden Säurebildnern gehören:

- Konservennahrung
- Industrieprodukte
- Softgetränke
- Weißmehlprodukte
- konventionelles Getreide
- Zucker
- tierische Produkte (vor allen Dingen Milchprodukte)

Es gibt weitere Lebensstilfaktoren, die sich negativ auf unseren Säure-Basen-Haushalt auswirken können, wie unter anderem Stress, Sorgen und Ängste oder übermäßiger Sport.

Es sei hier darauf hingewiesen, dass es in diesem Buch um eine basenüberschüssige Ernährung geht und nicht um eine rein basische Ernährung, eine Basenkur oder Basenfasten. Dies bedeutet, die Lebensmittel setzen sich sowohl aus Basenbildnern als auch aus gesunden Säurebildnern zusammen.

» *Damit wir genügend basische Lebensmittel zu uns nehmen, können wir einfach darauf achten, dass diese im Vergleich zu säurebildenden in unserer Ernährung überwiegen, nicht umgekehrt.* «

Eine rein basische Ernährung würde die gesunden Säurebildner nicht beinhalten, die aber langfristig in eine gesunde, ausgewogene Ernährung integriert werden sollten.

So verwende ich z. B. Blumenkohl auch mal als Reisvariante. Blumenkohl im Mixer zu »Reis« zerkleinert kannst du roh essen oder in der Pfanne andünsten und mit Gemüse oder auch als Salat mit einem leckeren Dressing kombinieren. Übrig gebliebenen Blumenkohlreis einfach am nächsten Tag essen oder (portionsweise) einfrieren und nach Bedarf wieder auftauen und mit deinem Lieblingsgemüse und etwas Öl dünsten. Wenn du beim Kochen die Geruchsbildung des Blumenkohls vermeiden möchtest, kannst du vor dem Kochen entweder etwas Zitrone oder einen Schuss Essig in das Wasser geben, und die Luft bleibt rein. Frischen Blumenkohl erkennst du an den grünen Blättern und daran, dass er beim Zerkleinern Feuchtigkeit abgibt. Vor der Zubereitung den Blumenkohl entweder ganz oder die kleinen Röschen mindestens ½ Stunde in Salzwasser baden, um kleine versteckte Insekten zu vertreiben.

» *Um beim Backen oder Braten den Geruch im Haus zu reduzieren, kannst du einfach in einem offenen Kochtopf 1 Teelöffel Hausnatron mit Wasser kochen lassen, bis es dampft. Dies soll die Gerüche neutralisieren.* «

Mein basischer Tag im Büro – Überblick

Frühstück

Smoothie (to go), Quinoamüsli oder Obstsalat mit Nussmus in der Bentobox, basische Brote

Snacks

Rohe oder geröstete Mandeln, Apfel mit Mandelbutter, Schokoladen- oder Chiapudding im Glas

Mittag- und Abendessen

Salate, Wraps, glutenfreie Pflanzen, Suppen, glutenfreie Nudeln Gemüsepfanne, Ofengemüse, Suppen, Blumenkohlreis

Besonders Ofengemüse ist einer meiner Top-Favoriten. Es gibt immer eine Auswahl vieler unterschiedlicher Gemüsesorten und Gewürze. Gemüse einfach waschen und schneiden, etwas Öl hinzugeben und nach »Geschmack des Tages« würzen, schon ist das Essen nach 10 bis 15 Minuten fertig. Das Gemüse bereite ich oft auf Vorrat vor, sodass ich es entweder die nächsten Tage kalt verspeisen oder abends kurz anwärmen kann.

Die Mittagspause

Unternehmen haben natürlich unterschiedliche Möglichkeiten, ihre Mitarbeiter zu verpflegen. Die 30 Minuten, die einem Arbeitnehmer gesetzlich zustehen, nehmen viele als Pause in der Mittagszeit. In den meisten Betrieben ist hierfür die Büroküche Standard. Kühlschrank, Herd oder Mikrowelle stehen vielen Mitarbeitern zur Verfügung, um sich ihr eigenes Süppchen zu kochen. Fast wie zu Hause! Aber eben auch nur fast.

Eine andere Option ist der gesunde Essensautomat, der nicht mehr einfach nur Weißmehlbrötchen mit Schinken enthält, sondern heutzutage sogar ein Abendessen in der Fertigkochbox fürs Dinner. Natürlich ist die Auswahl der Speisen begrenzt, wie aber auch in jedem anderen Automaten. Hier ist also Eigeninitiative gefragt. Wenn diese gesunde Automatenvariante bei euch noch fehlt, kannst du deinen Arbeitgeber ja mal darauf ansprechen. Biete ihm an, eine Testphase zu organisieren.

Einige Unternehmen geben Gutscheine an ihre Mitarbeiter aus, deren Einlösung glücklicherweise oftmals mit einem kleinen Spaziergang verbunden ist. Das Angebot gilt aber meistens nur für bestimmte Restaurants und selbst mit einem Gutschein sind die Speisen nicht unbedingt günstig. Ab und zu gibt es auch Cateringangebote, was zwar positiv für die Mitarbeiter ist, für den Arbeitgeber aber meistens viel administrativen Aufwand bedeutet. Aber da war doch noch etwas … ach ja, die Kantine.

Ob eine Kantine zur Verfügung steht, hängt vor allem von der Größe einer Firma ab. Allerdings denkt man bei »Betriebskantine« nicht unbedingt an gesundes Essen. Currywurst mit Pommes oder Schnitzel fallen eher in die Kategorie der Kantine, wie die meisten sie noch von früher kennen. Mittlerweile hat sich aber nicht nur die Essenskultur verändert (viele gehen außerhalb in Coffeeshops, Sandwich- oder Imbissbuden essen), sondern auch das Angebot in der Kantine. Statt nach fettiger Bolognese besteht vermehrt Nachfrage nach einer größeren Salatauswahl und frischen Smoothies.

Doch manchmal gibt es weder eine Kantine noch – vielleicht wegen der ungünstigen Lage – externe Verpflegungsmöglichkeiten. Was bleibt?

Meal Prep

Das »Essen zum Mitnehmen« von zu Hause verhilft uns zu einer gesunden Verpflegung im Büro und unterwegs. Vorbereitungen sind vielleicht ein wenig aus der Mode gekommen, aber unter der Bezeichnung »Meal Prep« mittlerweile wieder zum Leben erweckt worden. Wir bereiten uns einfach mehrere Portionen für die nächsten Tage vor. Somit haben wir leckere Speisen auch nach einem langen Arbeitstag, für unterwegs und für zwischendurch, wenn der kleine Hunger kommt. Denn wie oft fehlt uns nach einem anstrengenden Tag abends noch die Motivation, etwas zu kochen? Oder selbst bei Homeoffice Lust und Zeit, lange am Herd zu stehen? Wie schön, wenn wir zu dem bereits zubereiteten Dip nur noch ein paar Gemüsestangen hinzugeben, unsere glutenfreien Pflanzen nur noch kurz erwärmen müssen und mit etwas frischen Kräutern aufpeppen können.

Vorkochen ist zudem eine tolle Möglichkeit, Geld zu sparen und um die am Vorabend eingesetzte Zeit wieder reinzuholen. Statt mittags auf die Suche nach etwas Gesundem zu gehen oder in Restaurants die Zeit mit Bestellen und Warten zu verbringen, hast du dein Essen bereits parat. Der einzige Gang, der hier anfällt, ist dein Gang in deine Küche. Und wenn dir das nicht zusagt und es dir dein Geld wert ist, kannst du mittlerweile im Supermarkt gesunde Mahlzeiten wie Salatmischungen sogar in deiner eigenen Dose mitnehmen, was auch in vielen Restaurants und kleineren gesunden Läden angeboten wird.

Vorsicht bei Fertiggerichten

Bevor du zu einem der vermeintlich gesunden Fertigprodukte greifst, sei dir bewusst, dass sie es manchmal in sich haben und vor dem Kauf kritisch beäugt werden sollten. Denn viele Fertigprodukte liefern nicht, was sie versprechen. Statt frischer Lebensmittel enthalten sie meist industrielle Stoffe mit Zutaten, deren Namen man häufig nicht einmal aussprechen kann, geschweige denn versteht, was damit eigentlich gemeint ist. Kartoffelpüree aus pulverisierten Kartoffeln und getrocknete Tomaten haben mit gesunden Lebensmitteln nichts mehr zu tun. Fertiges Kartoffelpüree und

Garzeiten

Die Garzeit ist von der Gemüsesorte und der Größe abhängig. Du kannst die Gemüsesorten nacheinander auf ein Backblech geben und beginnst mit der Sorte, die am längsten gegart werden muss. Oder du teilst das Gemüse einfach auf mehrere Bleche auf und schiebst sie entsprechend der Garzeit erst später in den Backofen. Eine andere Möglichkeit: Schneide das Gemüse, das länger gart, kleiner und dünner oder die Gemüsesorten mit einer kürzeren Garzeit in dickere Stücke. Zur Orientierung die Garzeiten:

Karotten/Hokkaidokürbis/Süßkartoffeln: ca. 30 Min.
Kartoffeln: ca. 35 Min.
Zucchini/Paprika/Brokkoli: ca. 10 Min.
Aubergine: ca. 15 Min.

Salat im Glas

1 Person
10 Min.

1 Handvoll Kopfsalat • 1 Handvoll Erdbeeren • 50 g Edamame • 50 g Kidneybohnen (aus dem Glas) • 50 g Sojasprossen • Koriander • Basilikum • 2 EL Mais (aus dem Glas)

Für das Dressing:
1 EL Mandelmus • 1 EL Wasser • 1 EL Sesam • 1 EL Tamari • 1 TL Zitronensaft • 1 Prise Salz

optionales Topping: Kresse • Radieschensprossen

- Salat und Erdbeeren waschen, das Grün der Erdbeeren abtrennen und die Erdbeeren klein schneiden.

- Für das Dressing alle Zutaten zu einer Soße verrühren oder kurz in einen Mixer geben. Evt. mit etwas Wasser strecken.

- Nun zuerst das Dressing in ein (Einmach-)Glas geben, dann Edamame, Kidneybohnen, Sojasprossen, Koriander, Basilikum und zum Schluss die Erdbeeren, Salat und als Topping optional etwas Kresse oder Radieschensprossen.

Instant-Wok-Gerichte gehören also schon mal nicht zu unserem basischen Weg. Du kannst dich an den Verarbeitungsstufen orientieren. Je stärker eine Zutat verarbeitet wurde, desto weniger Vitalstoffe sind noch enthalten. In den typischen Fertiggerichten haben gesunde Inhaltsstoffe kaum eine Chance zu überleben und dann können wir auch gleich in ein Blatt Papier beißen. Eine weitere Orientierung bietet dir das Haltbarkeitsdatum. Lebensmittel, die über viele Monate und sogar Jahre haltbar sind, verdanken das reichlichen Konservierungsstoffen. Sie sind der Haltbarkeit dienlich, nicht aber unserem Körper. Was packst du stattdessen ein? In deinen Einkaufskorb gehören an erster Stelle alle Gemüse, Obst, gesunde Fette (z.B. aus Nüssen, Leinsamen und kaltgepressten Ölen), glutenfreie Pflanzen und Hülsenfrüchte.

Die gesunde Alternative

Zum Glück gibt es aber auch frische Fertiggerichte, auf die du zurückgreifen kannst. Sie sind nur vakuumverpackt und halten lediglich wenige Tage, sodass du sicher sein kannst, hier noch wichtige Vitalstoffe für deinen Körper abgreifen zu können. Auf Geschmacksverstärker und Konservierungsstoffe wird bei diesen Produkten bewusst verzichtet, sodass sie innerhalb weniger Tage verzehrt werden müssen.

Zusammengefasst bedeutet dies, dass du bei Fertiggerichten genau abwägen solltest, für welches du dich entscheidest, und dir die Zutatenliste und das Mindesthaltbarkeitsdatum als Orientierungshilfen dienen.

Auf Lebensmittel, die stark verarbeitet sind, empfiehlt es sich bei einer basischen Ernährung zu verzichten und dafür, wenn schon abgepackt, dann frisch abgepackte Mahlzeiten zu wählen.

Letztendlich ist ein Couscous- (Seite 107) oder Quinoasalat (Seite 111) zu Hause aber auch schnell selbst zubereitet und unkompliziert zu transportieren. Auch ein gesundes Fertiggericht kann außer Haus somit wirklich eine Ausnahme bleiben.

Stress – der größte Säurebildner im Büro

Bei Stress geraten die meisten schnell in den Teufelskreis Stress – ungesundes Essen – noch mehr Stress! Doch oft herrscht der Stress überwiegend in unserem Kopf!

Wenn das Gedankenkarussell mal wieder anfängt, uns eigene Geschichten zu erzählen, heißt es einfach »STOP IT«. Wie oft steigern wir uns in Situationen hinein und wie oft übernimmt eigentlich unser Ego das Steuer? Wie oft sind die anderen an allem schuld? Die Kantine (sofern vorhanden) ist so schlecht? Der Automat enthält nur ungesunde Nahrungsmittel? Der Kollege nervt? Anstatt dass wir uns großartig in unsere Gedankenfalle reinsteigern, helfen wir uns am meisten, wenn wir uns selbst um die Lösung kümmern und mit Vorschlägen kommen, um die Situation zu verbessern. Konflikte konstruktiv lösen, ansprechen, die Perspektive ändern und unser eigenes Bewertungssystem überprüfen. Einfach mal nicht alles (negativ) bewerten, sondern neutral an die Sache rangehen, bewahrt uns oftmals vor selbst gemachtem Mindfuck und damit Stress.

Ein weiterer Faktor, der uns bei der Arbeit stressen kann, sind die ständigen Störungen beim Essen. Entweder bin ich vor lauter Arbeit nicht zum Essen gekommen oder ich wurde oft unterbrochen. Telefon, gut gemeinte Kommentare von Kollegen und gleich mitgelieferte Infos zum nächsten Termin. Was bleibt, um sich zu entziehen? Ich habe die Pausen konsequent ausgelagert und Kollegen darauf hingewiesen, dass ich nach der Pause gern wieder für Geschäftliches zur Verfügung stehe.

» *Gestalte die Mittagspause zu einer (kleinen) Oase der Erholung, die du für dich nutzt.* «

Aber warum ist Stress eigentlich so ungesund? Vielleicht kennst du jemanden, der durch zu viel Stress ein Magengeschwür bekommen hat. Dies kann daran liegen, dass bei Stress die Körperprozesse angeregt werden, die Säuren produzieren. Sind wir gestresst, erhöht sich z. B. die Magensäure, die dann unsere Magenschleimhaut angreifen und langfristig zu einem Geschwür führen könnte. Stress hemmt unter anderem die Tätigkeit unserer Entgiftungsorgane Darm, Leber und Nieren und unter Stress greifen wir gern vermehrt zu ungesunden Nahrungsmitteln. Schnell überschreiten wir die Ausscheidungskapazität unserer Entgiftungsorgane und es kann zur Ablagerung von neutralisierten Säuren (u. a. im Bindegewebe) kommen. Sehr faszinierend finde ich auch, dass wir bei einer Überbelastung durch Säuren oftmals völlig anders reagieren, als wenn wir uns im Säure-Basen-Gleichgewicht befinden. Säuren lassen unsere Stresshormone explodieren, wir reagieren schnell gereizt und sind im wahrsten Sinne des Wortes »sauer«.

Die Lösung – bade es einfach aus!

Ich war ganz oft nach einem stressigen Tag sauer! Und erst als ich mich näher mit der basischen Ernährung beschäftigt habe, ist mir der Zusammenhang zwischen »ich bin sauer« und »etwas ausbaden« klar geworden. Am Ende eines stressigen Tages bade ich mittlerweile den Stress einfach aus!

Hierfür kaufe ich mir Basensalz, das ich im Drogeriemarkt oder auch im Bioladen bekomme. Dann nehme ich mir nach der Arbeit ca. 45 Minuten Zeit und gönne mir eine kleine Erholungspause. Mit einem spannenden Buch, etwas Musik und einem duftenden Tee lasse ich den Abend entspannt ausklingen.

Bei einem Basenbad sollen die Säuren über die Haut in das basische Wasser abgegeben werden (Osmoseprozess). Nach einem Basenbad am Abend können also die vielen Säuren des Tages aus dem Körper ausgeschieden und nicht nur der Körper, sondern auch der Geist entlastet werden. Glaubst du nicht? Probier es einfach mal aus. Du kannst dir in der Apotheke pH-Wert-Streifen kaufen und den pH-Wert vor und nach dem Bad messen.

» *Du wirst vielleicht nach einem Basenbad das eine Mal sehr entspannt sein, ein anderes Mal aber vielleicht auch etwas erschöpft und wiederum das nächste Mal fit wie ein Turnschuh. Die Wirkung eines Basenbads kann unter anderem aufgrund unserer Tagesform und auch unserer gesundheitlichen Ausgangsbasis immer unterschiedlich sein. Daher solltest du dir für eine gewisse Zeit nach dem Basenbad nichts vornehmen, um entsprechend reagieren zu können.* «

Basenbad

8 Tipps für dein Basenbad

Anfänger Beginne dich langsam an basische Bäder zu gewöhnen. Ein Basenbad ist mit einem gewöhnlichen Bad nicht zu vergleichen. Nimm dein erstes Bad daher vielleicht an einem freien Tag und bade am Anfang nur einmal die Woche. Je nachdem, wie dir die Bäder bekommen, kannst du die Anzahl der Bäder steigern.

Weniger ist mehr Du bist wahrscheinlich Bäder mit viel Schaum gewöhnt, weswegen ein Basenbad für dich am Anfang vielleicht etwas nüchtern und unglamourös wirkt, so ganz ohne die weißen Wölkchen. Künstliche Zusätze können leider die Wirkung eines Basenbads hemmen, dein Basenbad solltest du daher ausschließlich mit Basensalz durchführen.

Die richtige Temperatur Dein Basenbad sollte weder dampfend heiß sein, noch solltest du frieren. Am besten kann die Ausleitung der Säure aus den Hautporen bei Körpertemperatur funktionieren (37 Grad), woran du dich gut orientieren kannst. Auch bleibt so dein Kreislauf stabil und wird nicht zu sehr strapaziert.

Unterstützung der Ausscheidung von Säuren Während des Basenbads kannst du die Ausscheidung durch leichte Massagen fördern. Hierfür kannst du einfach ein kleines Frotteehandtuch oder auch einen Peelinghandschuh nehmen und sanft deinen Körper massieren.

Aromadüfte Vielleicht fehlt dir dein duftendes Schaumbad, aber zumindest auf den Duft musst du nicht ganz verzichten. In das Badewasser solltest du keine Düfte geben, aber stell dir doch einfach eine Aromalampe oder ein Duftstäbchen auf.

Entertainment Ein Basenbad sollte mindestens 45 Minuten dauern, damit der Osmoseprozess eintritt. Langweilig? Es gibt Badewannentabletts, auf denen du deine Bücher und Zeitschriften bequem ablegen kannst.

Hunger und Durst Nimm dir etwas Wasser und vielleicht ein bisschen Obst mit an die Wanne. Auch ein lecker duftender Tee macht das Bad noch ein bisschen gemütlicher.

Nach dem Baden Auch nach dem Basenbad ist es empfehlenswert, auf Pflegeprodukte zu verzichten. Gib deiner Haut etwas Pause und trockne deinen Körper nur ganz leicht ab. Das Basenbad kann den Selbstfettungsprozess deiner Haut

Basenbad to go

Löse einfach etwas Basensalz in Wasser auf, gib die Lösung nach dem Duschen auf den Körper und lass alles kurz trocknen. So hast du einen basischen Film auf deiner Haut und dein Körper kann bei der Entgiftung unterstützt werden.

wieder anregen, sodass du auf ganz natürliche Weise wieder zu einer zarten und geschmeidigen Haut ganz ohne Eincremen gelangen kannst. Wenn du keine Zeit hast für ein Vollbad, ist ein Fußbad eine ebenfalls effektive Maßnahme. Über die vielen Schweißdrüsen können die Füße (unsere Hilfsnieren) optimal Säuren und Gifte ausscheiden. Bringt nichts? Einfach mal regelmäßig (und langfristig) ausprobieren!

» *Basensalz kannst du auch in deiner Hand mit Wasser etwas anfeuchten und als Deo unter deine Arme geben. Im Sommer hilft ein bisschen Basensalz im Schuh gegen unangenehme Gerüche.* «

Bitte beachte, dass Basenbäder von Schwangeren oder bei gesundheitlichen Beschwerden (wie u. a. Nieren-, Herz- und anderen schweren chronischen Krankheiten) nur nach Absprache mit einem Arzt durchgeführt werden sollten.

Du bist der Kapitän deiner Gedanken

Neben einem entspannenden Basenbad hilft es uns auch, einfach mal etwas bewusster im Moment zu sein. Wenn meine Gedanken mit mir mal wieder durchgehen, konzentriere ich mich auf das, was ich gerade tue: Atmen! Gehen! Laufen! Abwaschen! Schreiben! Wie oft sind wir mit unseren Gedanken nicht im Hier und Jetzt. Das Hier und Jetzt bringt uns zurück in unsere Mitte. Ein paar einfache Atemtricks können dir nicht nur dabei helfen, deine Nerven zu beruhigen, sondern auch dabei, dass du etwas tiefer und langsamer atmest. Bei Stress atmen wir nämlich auch sehr gern flach, schnell und sehr kurz.

Hier zwei kleine Übungen, die du ganz nebenbei im Büro machen kannst (vielleicht sogar am offenen Fenster):

1. Atme 5 Sekunden tief ein, halte 3 bis 5 Sekunden deinen Atem an und atme 5 Sekunden lang aus. Wiederhole die Übung 3- bis 5-mal.

2. Atme 3 Sekunden lang ein und doppelt so lange aus. Wiederhole die Übung 3- bis 5-mal.

Tief atmen ist schon mal toll! Aber wenn machbar, achte auch darauf, so oft wie möglich an die frische Luft zu kommen.

Schlechte Luft und Sick-Building-Syndrom

Meistens atmen wir nicht nur sehr flach, sondern sitzen noch in geschlossenen Büroräumen mit schlechter Luft. Wir vergessen häufig, dass viele von uns tatsächlich knapp 80 bis 90 % ihrer Lebenszeit in geschlossenen Räumen verbringen. Heftige und traurige Vorstellung. Klimaanlagen, trockene Heizungsluft und durch Schadstoffe belastete Raumluft tragen nicht unbedingt zu unserer Gesundheit bei. Atmen tun wir ganz nebenbei und unbewusst! Dabei ist die Atmung besonders im Zusammenhang mit dem Säure-Basen-Haushalt besonders wichtig, schließlich atmen wir Säuren in Form von Kohlendioxid ab. Also, einfach das Fenster auf und ein paar Mal nacheinander tief und bewusst durchatmen. Am besten ist grundsätzlich natürlich regelmäßiges Stoßlüften, denn schlechte Luft in Büros, bedingt durch Geräte wie Kopierer, Drucker und weitere Belastungen, kann zu Unwohlsein, Konzentrationsschwäche sowie Leistungsabfall führen. Diese raumbedingten gesundheitlichen Folgen werden übrigens auch Sick-Building-Syndrom genannt. Bürogeräte geben reichlich Schadstoffe an die Atemluft ab und können unsere Gesundheit somit negativ beeinflussen. Empfehlenswert ist es, das Fenster nicht nur mal eben kurz zu öffnen, sondern auch darauf zu achten, dass der Raum wirklich wieder vollständig mit frischem Sauerstoff aufgefüllt ist. Ich habe mich gewundert, wie lange das dauert. Woher ich das weiß? Hierfür gibt es kleine Sauerstoffmessgeräte, die auch den CO_2-Gehalt messen. Er lässt auf den Aerosolgehalt der Raumluft schließen – ein wichtiges Thema in Coronazeiten! Außerdem läuft ohne Sauerstoff in unserem Körper gar nichts. Besonders unser Gehirn ist auf Sauerstoff angewiesen. Obwohl es nur ca. 2 % der Körpermasse ausmacht, kann es aber tatsächlich 20 % der Gesamtenergie beanspruchen.

Nicht zu vergessen, eine ausreichende Lüftung kann auch das Risiko von Infektionen verringern (z. B. Grippevirus,

Tipps für ein effektives Lüften

Büroraum nach max. 60 Minuten, in akuten Phasen (z. B. Grippewelle) alle 20 Minuten für 5–10 Minuten
Konferenzräume vor der Nutzung für 15 Minuten, danach im Rhythmus von 20 Minuten
Die Mindestdauer: im Sommer bis zu 10 Minuten (unter Berücksichtigung der Außenlufttemperatur), im Frühling/Herbst 5 Minuten, im Winter 3 Minuten
Natürlich gibt es mehrere Faktoren, die die Lüftungsdauer beeinflussen. Sie ist abhängig von der Anzahl der Personen, der Raumgröße, den elektrischen Geräten und der Einrichtung (Teppichböden, schwere Vorhänge etc.).
Vielleicht lohnt es sich, mit deinen Kollegen und deinem Arbeitgeber gemeinsam eine Lösung zu finden, falls das Thema Lüften bei euch bisher keine große Rolle gespielt hat. Ein Lüftungsplan kann z. B. helfen, für regelmäßige Frischluftzufuhr zu sorgen und Konflikte zu vermeiden.

Coronavirus SARS-CoV-2). Durch frische Luft wird die belastete Raumluft ausgetauscht und dadurch natürlich auch die Virenanzahl reduziert und das Ansteckungsrisiko verringert.

Pflanzen atmen Sauerstoff aus

Lüften ist die eine Möglichkeit, dein Büro wieder mit frischem Sauerstoff aufzufüllen. Eine weitere Maßnahme für eine bessere Sauerstoffversorgung sind ganz einfach Pflanzen. Für viele stellen sie einfach nur eine schöne Deko dar, dabei reinigen sie ganz nebenbei die Luft, verbessern nachhaltig das Raumklima und filtern ungesunde Schadstoffe heraus. Wir vergessen oft die Selbstverständlichkeit, dass Pflanzen Kohlendioxid verbrauchen und dafür frischen Sauerstoff liefern. Außerdem sollen Grünpflanzen langanhaltend Stress abbauen und damit auch die Produktivität steigern. Wenn du also schon Grünpflanzen in deinem Büro hast, wunderbar. Falls nicht, könntest du ja eine aufstellen. Bevor du jetzt aber einfach irgendeine Pflanze für dein Büro kaufst, solltest du das natürlich mit deinem Vorgesetzten und deinen Kollegen absprechen und die richtigen Pflanzensorten auswählen. Gut eignen sich z. B. die Arecapalme, der Drachenbaum oder die Grünlilie, um nur einige zu nennen.

Bei euch im Büro hat niemand einen grünen Daumen und auch keine Zeit oder Lust, sich um die Pflanzen zu kümmern? Dann bieten sich sogenannte Hydrokulturen an. Dabei handelt es sich um Systeme mit Wasser, wobei die Erde durch spezielles Kultursubstrat ersetzt wird. Dadurch muss seltener gegossen werden. Das ist doch immerhin ein Kompromiss! Mögliche Vorteile von Pflanzen im Büro auf einen Blick

- Filterung von Schadstoffen
- Sauerstofflieferanten
- Verschönerung der Büroräume
- Förderung der Konzentration
- Reduzierung von Stress
- Vorbeugung gegen Kopfschmerzen und Müdigkeit
- Reduzierung der Geräuschkulisse in Großraumbüros

Schlafmangel

Stress im Job führt manchmal dazu, dass wir die Themen mit nach Hause nehmen und unser Schlaf darunter leidet. Dabei ist Stress allein schon ein wesentlicher Säurebildner, und kommt noch Schlafmangel hinzu, kannst du dir vorstellen, dass du deinem Körper so nicht wieder zurück ins Säure-Basen-Gleichgewicht verhilfst. Schlafen wird oftmals hintangestellt, denn schließlich müssen wir funktionieren, frühmorgens wieder raus, und nachmittags bleibt natürlich auch keine Zeit, um sich einfach mal kurz aufs Ohr zu legen. Zwischen 7 und 9 Stunden sollte ein Erwachsener übrigens schlafen. Klingt für dich übertrieben und du nutzt die Zeit lieber sinnvoller, anstatt sie zu verschlafen?

Die Schlafenszeit ist die wohlverdiente Regenerationszeit für deinen Körper und auch deinen Geist. Die Informationen des Tages werden verarbeitet und dein Immunsystem wird gestärkt, während du schläfst. Im Übrigen findet über Nacht auch eine Entgiftung statt, denn die Leber, unser zentrales Entgiftungsorgan, ist nachts besonders aktiv. Nach der Traditionellen Chinesischen Medizin gibt es eine sogenannte Organuhr. Sie besagt, dass unsere Organe zu bestimmten Zeiten hochaktiv sind. Die Nieren z. B. am späten Nachmittag und die Leber in der Nacht. Ganz nebenbei, Schlaf soll auch auf den Stoffwechsel wirken und somit das Risiko von Übergewicht senken. Auch unsere Leistungsfähigkeit wird maßgeblich vom Schlaf beeinflusst. Das Problem dabei: Übermüdung wird selbst oftmals gar nicht bemerkt bzw. sie wird unterschätzt. Folgen können Konzentrationsprobleme, Gereiztheit, schlechteres Sehvermögen und sogar Schlaganfälle sein. Kurzfristigen Schlafmangel kannst du wieder ausgleichen, indem du die folgenden Nächte einfach etwas früher ins Bett gehst und deinem Körper wieder Zeit für Erholung gibst. Bei chronischem Schlafmangel solltest du dir besser Urlaub gönnen, um deine Batterien wieder vollständig aufzuladen.

Wie viel Schlaf benötigst du?

Wie viel Schlaf du persönlich letztendlich brauchst, um fit zu sein, kannst du ganz einfach feststellen. Wähle hierfür z. B. ein Wochenende oder deinen Urlaub, wenn du ein paar Tage nacheinander ausschlafen kannst. An jedem dieser Tage gehst du zur gleichen Zeit ins Bett und schläfst so lange, bis du von allein aufwachst. In der ersten Nacht schläfst du wahrscheinlich länger, weil dein Körper ein mögliches Schlafdefizit wieder ausgleichen möchte. Geh die folgenden Tage immer wieder zur gleichen Uhrzeit ins Bett, und nach ein paar Tagen wirst du immer zur gleichen Zeit aufwachen und dadurch merken, wie viel Schlaf dein Körper jede Nacht braucht. In Zukunft kannst du deine Zu-Bett-geh-Zeit deiner benötigten Stundenanzahl anpassen.

» Damit sich dein Körper in der Regenerationsphase über Nacht ausreichend erholt und Säuren gebunden werden können, kannst du deinen Organismus noch besonders unterstützen. Gib deinem Körper vor dem Schlafengehen noch eine Extraportion Nährstoffe (wie z. B. Pflanzengranulat), die den Regenerationsprozess unterstützen und zur Neutralisation von Säuren genutzt werden können. «

Wachmacher und Snacks im Büro

Der Büroalltag führt meistens dazu, dass der Stress überhandnimmt, dafür aber die Pausen immer kürzer werden. Erholungsphasen fehlen und wir greifen gern mal zu belebenden Mitteln wie Kaffee. Zu viel Kaffee gehören leider bei vielen Mitarbeitern zum Büroalltag. Bei dir auch? Durchschnittlich trinkt die Mehrheit der Arbeitnehmer über den Tag verteilt 3 Tassen Kaffee. Kaffeekonsum wird gern banalisiert, dabei kann exzessiver Kaffeekonsum einen negativen Effekt auf die Psyche haben, zu Stimmungsschwankungen und sogar bis hin zur Erschöpfung führen. Wie bitte? Wir wollen die Erschöpfung doch eigentlich durch Kaffee minimieren! Das Problem an dieser Theorie ist, dass Koffein unseren Körper in eine Stresssituation versetzt. Der Blutzuckerspiegel steigt an und die Herzfrequenz erhöht sich. Doch von vorn.

Kaffee

Zunächst zu den gesunden Bestandteilen, den Antioxidantien. Sie sind zwar in Kaffee vorhanden, aber nur bei hoher Qualität der Kaffeebohnen und bei bestimmter Röstung. Ansonsten kannst du Antioxidantien aber in derselben Menge aus Obst und Gemüse beziehen.

Generell ist hochwertiger, schonend gerösteter Kaffee empfehlenswerter, weil er weniger Chlorogensäure enthält als industriell gerösteter Kaffee. Einige Sorten hochwertiger Kaffee enthalten nur ca. 3 bis 6 Prozent, während sich in weniger hochwertigen oft mehr als 10 Prozent finden.

Die im Kaffee enthaltende Chlorogensäure kann die Schleimhäute stark reizen, also die Magenverträglichkeit beeinträchtigen. Hier kannst du mit Kardamom gegensteuern, denn das indische Gewürz ist dafür bekannt, die Säuren zu binden und den Kaffee somit bekömmlicher zu machen. Dies reduziert aber nicht das enthaltende Koffein, das unseren Körper in eine Stresssituation versetzt, als befänden wir uns in akuter Gefahr. In einer solchen Situation produzieren unsere Nebennieren von einem Moment auf den anderen lebenswichtige Stresshormone, die uns in früheren Zeiten entweder kämpfen oder fliehen ließen. Ziemlich unnütz, wenn wir vielleicht nur in einem Termin sitzen oder im Büro am Computer arbeiten. Bei dem hohen Kaffeekonsum der meisten Menschen werden die Nebennieren über Gebühr strapaziert und auf die Dauer geschädigt. Die Auswirkung von Koffein auf die Nebenniere ist den wenigsten bekannt, dabei liegt hier oftmals der Grund von Müdigkeit und Abgeschlagenheit, weswegen wiederum viele zum Kaffee greifen.

Je mehr die Nebennieren geschwächt werden, desto schwieriger wird es auch, den Tag zu meistern. Die für die Wachphase benötigten Hormone werden nicht mehr in ausreichender Menge gebildet. Was passiert? Wir greifen in einer Dauerschleife zu sehr viel Kaffee, Softgetränken, Süßigkeiten, Weißmehlprodukten oder auch Alkohol, um wieder wach zu werden.

Ein weiterer Nachteil von Kaffee ist übrigens, dass wir Lust auf Süßes bekommen. Koffein kann nämlich den Blutzuckerspiegel durcheinanderbringen. Dann greifen wir nach Süßigkeiten, bekommen jedoch nur für eine kurze Zeitspanne das Gefühl der Befriedigung und eines gesteigerten Leistungsvermögens. Bei einigen Menschen wiederholt sich dieser Rhythmus – sinkende Energie und Lust auf Süßigkeiten und Kaffee oder einen kleineren Snack – nahezu über den ganzen Tag. Dies kann dazu führen, dass sie sich am Ende des Tages erschöpft fühlen und nicht mehr in der Lage sind, sich richtig gut zu konzentrieren. Ganz nebenbei, das könnte auch unserer Figur schaden! Wenn der Blutzucker schnell ansteigt, brauchen wir auch eine schnelle Lösung dafür, wenn der Blutzucker wieder abfällt und wir uns dementsprechend schlapp fühlen. Dies führt meist dazu, dass wir etwa 2 Stunden nach dem morgendlichen Kaffee besonders anfällig für Süßes oder kohlenhydratreiche Snacks sind. Solange der Körper Insulin ausschüttet, was beim hohen Blutzuckerspiegel passiert, kann allerdings kein Fett abgebaut werden. So landet das süße Brötchen schnell auf der Taille, da der Körper mit dem Abbau des Insulins beschäftigt ist und alle weiteren Kalorien einfach nur einlagert.

Ich möchte dich aber nicht völlig frustrieren, sondern dir Alternativen aufzeigen, wie du deinen Kaffee entweder trotzdem genießen oder zu gesunden Alternativen greifen kannst.

Die erste Möglichkeit habe ich bereits erwähnt. Du kannst etwas Kardamom in deinen Kaffee geben. Je nach Land oder Region werden sowohl von schwarzem als auch von grünem Kardamom 1 bis 2 Messerspitzen in ein Kaffeegetränk gemixt.

Schwarzer Kardamom schmeckt etwas herber und wird z. B. bevorzugt für Fleischspeisen verwendet. Grüner Kardamom (süßlicher, frischer Geschmack) eignet sich hervorragend für süße Desserts und gleichzeitig für salzige Mahlzeiten. Es gibt zwei Sorten davon: den Malabarkardamom und den Ceylonkardamom. Die erste Sorte gilt hier als die wertvollere. Letztendlich gibt es sogar noch weißen Kardamom, der sehr mild in seinem Aroma ist. Bei der schwarzen Kardamomsorte handelt es sich oftmals nur um verwandte Kardamompflanzenarten und keinen echten Kardamom, deswegen (und aufgrund des Geschmacks) wird für Kaffee eher der grüne empfohlen.

Wenn du bei Rezepten auf Kardamom stößt und nicht weißt, ob nun grüner oder schwarzer gemeint ist, würden ich dir auch hier zur grünen Sorte raten. Es sei denn, es handelt sich um deftige Gerichte.

Du bekommst Kardamom in Supermärkten, Asialäden oder natürlich im Internet. Dem Gewürz werden übrigens noch ganz tolle andere Vorteile nachgesagt:

- Kardamom soll die schleimbildenden Eigenschaften von Milch neutralisieren
- Kardamom kannst du auch zum Inhalieren benutzen
- Kardamom soll die Atemwege befreien

Und wenn du Kaffee doch ersetzen möchtest, kannst du den Kardamom gleich für ein ganz spezielles Getränk weiterverwenden, den Kurkuma Latte (Seite 147).

Kaffeealternativen Ich habe Kaffee zunächst schrittweise reduziert und durch Matcha-Tee ersetzt. Matcha-Tee ist ein gemahlener koffeinhaltiger Grüntee. Durch die Verbindung aus Koffein und der enthaltenen Aminosäure L-Theanin wird die Wirkung des Koffeins im Matcha-Tee gleichmäßiger und länger im Körper freigesetzt. Bei Kaffee dagegen fallen viele schnell wieder in ein Erschöpfungsloch. Nichtsdestotrotz bleibt Koffein gleich Koffein und meinen Nebennieren zuliebe habe ich ihn dann ebenfalls reduziert. Mittlerweile gibt es auch Matcha bei mir nur noch 1- bis 2-mal im Monat. Auch sollte grüner Tee nicht als Dauerersatz für Kaffee dienen, sondern der geringere Koffeeingehalt eher als kleines »Methadonprogramm« zum Ausschleichen des Koffeins genutzt werden.

Wenn du nur selten einen Wachmacher brauchst und auf Kaffee nicht ganz verzichten möchtest, gibt es mit Chi-Kaffee eine weniger säurebildende Variante mit überwiegend löslichen Ballaststoffen (Akaziengummi und nur 20 % Kaffeebohnen).

Vielleicht ist dir die wachmachende Eigenschaft aber auch gar nicht so wichtig und du überlegst einfach, auf entkoffeinierten Kaffee umzusteigen. Hier gibt es leider einen möglichen ungesunden Nebeneffekt. Für das Verfahren der Entkoffeinierung wird nämlich oft Chemie eingesetzt, und daher könnten sich noch Reste dieser Stoffe im Kaffee befinden.

Ich wollte nicht weiter von einem Wachmacher abhängig sein, und ganz nebenbei führte der Kaffeekonsum früher bei mir tatsächlich auch immer dazu, dass ich Lust auf Süßigkeiten, Brötchen und Kuchen bekommen hatte. Nachdem ich mich vom Koffein entwöhnt habe, bin ich nicht nur die danach folgenden Süßhungerattacken los, sondern ich fühle mich auch konstant wacher und fitter.

Gesunde Wachmacher

Es gibt natürlich auch gesunde Wachmacher ohne Koffein, die du ganz unbeschwert genießen kannst:

Lupinenkaffee Lupinen zählen zu den Hülsenfrüchten und dieser Kaffee ist nicht nur koffeinfrei, sondern enthält auch keine Kaffeesäure.

Ginsengtee Ginseng ist dafür bekannt, den Organismus widerstandsfähiger gegen Stress zu machen, und eignet sich daher perfekt fürs Büro.

Quickcheck: Säurequellen im Büro erkennen

Säurequellen im Büro, wie Stress, schlechte Luft, zu viel Kaffee, Süßigkeiten oder Raucherpausen, nehmen schnell überhand. Oftmals ist uns dies aber nicht bewusst, da wir sie nur einzeln, aber nicht in ihrer Gesamtheit betrachten. Und da kann ganz schön was zusammenkommen. Kennst du deine Säurequellen im Büro?

- Ist dein Büro eher spartanisch eingerichtet und ohne Pflanzen?
- Hast du in deinem Büro neben Computer noch weitere Geräte (z. B. Drucker)?
- Sitzt du in einem Großraumbüro?
- Trinkst du tagsüber mehr als eine Tasse Kaffee?
- Isst du zwischendurch 1- bis 3-mal Süßigkeiten am Tag?
- Bist du in deinem Büro viel Lärm ausgesetzt?
- Wirst du in deiner Mittagspause oft gestört?
- Fällt deine Mittagspause häufig aus?
- Machst du viele Überstunden?
- Nerven dich deine Kollegen sehr oft?
- Nimmst du lieber den Fahrstuhl als die Treppe?
- Nutzt du kleine Auszeiten und machst eine Raucherpause?
- Lüftest du dein Büro weniger als 3-mal am Tag?
- Wird bei euch im Büro wenig gelacht?
- Kannst abends schlecht einschlafen und schläfst dadurch zu kurz?
- Trinkst du tagsüber im Büro weniger als 1 Liter Wasser?
- Isst du im Büro überwiegend industriell verarbeitete Lebensmittel?

Wenn du diese Fragen überwiegend mit Ja beantwortet hast, kannst du nun bewusster auf die Säurequellen achten und sie nach und nach, soweit es in deiner Hand liegt, reduzieren. Ersetz Kaffee durch einen leichten basischen Tee, achte bewusst auf deine regelmäßigen Pausen, in denen du die Ruhe, die du benötigst, einforderst. Schau mal, wie du deinen Büroalltag insgesamt etwas basischer gestalten kannst.

Lapacho-Tee Eine gute Möglichkeit, Kaffee zu ersetzen, ist, zwischen vielen leckeren koffeinfreien Teesorten zu wählen. Empfehlen kann ich dir neben basischen Kräutertees z. B. den Lapacho-Tee. Er ist noch kaum bekannt, aber besonders in Hinsicht auf die Stärkung des gesamten Immunsystems interessant. Der Tee hat zwar keine anregende, dafür aber bei vielen eine beruhigende Wirkung, weswegen er sich besonders als Stresskiller eignet. Lapacho-Tee kannst du in der Apotheke bestellen oder aber auch in einem gut sortierten Reformhaus kaufen.

Kamillentee Auch die Kamille ist für ihre entspannende Wirkung bekannt und kann daher wunderbar ebenfalls in Form von Tee zur Entspannung und in stressigen Situationen im Büro zum Einsatz kommen.

Ingwertee Ein Tee mit anregender Wirkung ist dagegen Ingwertee. Im Winter mein Lieblingsgetränk am Morgen, da mir durch die stark belebende Wirkung gleich richtig »eingeheizt« wird. Einfach zubereitet, frisch und ein gesunder Wachmacher mit noch weiteren gesundheitlichen Wirkungen. Denn Ingwer regt unter anderem den Stoffwechsel an und wirkt entzündungshemmend. Ich kaufe mir eine frische Knolle aus dem Reformhaus, überbrühe am Abend ein kleines Stück (1–2 cm) mit heißem Wasser und lasse die Flüssigkeit über Nacht ziehen. Es reichen aber für gewöhnlich 10 bis 15 Minuten. Die Dauer ist auch abhängig davon, wie viel Ingwer du verwendest und wie scharf du deinen Tee trinken möchtest. Je länger du den Tee ziehen lässt, desto intensiver und schärfer wird der Geschmack.

Alles im Fluss – im Büro basisch bleiben

Bei den vielen Säurequellen und Säurebildnern, auf die wir heutzutage im Büro stoßen, ist es gar nicht so leicht, unseren Körper im Gleichgewicht zu halten. Ist das wirklich so? Wir unterschätzen oft die kleinen Maßnahmen in unserem täglichen Ablauf, die dafür sorgen, dass Säuren und Gifte schnellstmöglich wieder unseren Körper verlassen. Dadurch werden sie erst gar nicht eingelagert und es werden auch keine zusätzlichen Mineralstoffe benötigt, um sie zu neutralisieren. Oftmals machen wir sogenannte Entschlackungstage oder Entlastungskuren, um wieder mehr Energie zu bekommen und unserem Körper mal eine Verschnaufpause zu geben. Wenn wir jedoch im Alltag dafür sorgen, dass sich diese Stoffwechselreste gar nicht erst ansammeln, erhalten wir unsere Mineralstoffdepots länger und behalten eher unser Wohlfühlgewicht. Detoxkuren können dann wirklich der reinen Regeneration dienen, ohne dass wir krampfhaft darauf hoffen, dass in dieser kurzen Zeit Problemzonen reduziert und das Hautbild verbessert wird oder wir uns danach wie neu geboren fühlen. Dafür haben wir dann bereits regelmäßig im Alltag gesorgt. Von welchen banalen Maßnahmen ich hier spreche, kannst du dir vielleicht denken. In allererster Linie geht es in deinem Alltag, z. B. um Bewegung!

Angehen gegen die Übersäuerung

Machen wir uns nichts vor. Neben einem Vollzeitjob, Familie, Freunden und gewöhnlichen Alltagsverpflichtungen wie einkaufen, waschen und putzen bleibt besonders Bewegung schnell mal auf der Strecke. Wir gehen morgens im Dunklen aus dem Haus, verlassen nach 8 oder 9 Stunden das Arbeitsgebäude und sollen uns dann auf das überfüllte Fitnessstudio freuen. Yeah! Tag für Tag vergeht, und wenn wir uns noch nicht an ein regelmäßiges Sportpensum gewöhnt haben, fehlt uns die Bewegung auch nicht. Im Gegenteil, der zusätzliche Gang ins Fitnessstudio bedeutet zunächst einmal raus aus unserer Wohlfühlzone.

Früher oder später merken die meisten von uns jedoch, dass der Rücken schmerzt, wir uns nicht mehr so vital fühlen und unser Körper uns auf seine ganz eigene Art und Weise zu verstehen gibt, dass ihm Bewegung fehlt. Unser Körper ist darauf ausgelegt, sich zu bewegen. Das ewige Sitzen kann zu Muskelverspannungen führen und auch unsere Gelenke und das Herz-Kreislauf-System können bei Bewegungsmangel leiden. Mal ganz davon abgesehen, ich kenne niemanden, der sich nach dem Sport schlechter als vorher gefühlt hat. Oder du? Wir haben nach dem Sport ein tolles Körpergefühl und die Bewegung bringt einfach gute Laune und Energie. Genau, Energie, die uns nach einem langen Tag fehlt und die wir meinen, auf der Couch und beim Ausruhen zurückzubekommen. Trugschluss. Die Couch macht uns langfristig nicht fitter, denn wer rastet, der rostet tatsächlich. Irgendwann, meistens später als früher, macht fast jeder diese Erfahrung und erkennt die Wahrheit in diesem Kalenderspruch.

Ich war immer der Meinung, wenn ich Sport mache, muss es schon »richtig« sein. Richtig im Sinne von richtig lange. 1 Stunde Laufen, 1 Stunde Langhanteltraining oder Ähnliches. Für nur 10 Minuten lohnte sich in meinen Augen das Umziehen gar nicht und dann kann man es ja auch gleich bleiben lassen. So ein Quatsch. Heute gehe ich auch nur eine kleine Runde am Abend noch spazieren oder eine kleine Runde laufen und nehme alle Treppen mit. Ich kann mich heute auch für nur 10 Minuten eher aufraffen als für 1 Stunde. Allerdings werden aus den 10 Minuten dann auch schnell mehr. Wenn ich erst mal dabei bin, macht es meistens Spaß und die Zeit läuft mir quasi davon.

Aktiviere dein Lymphsystem

Bewegung ist nicht nur wichtig, um fit zu bleiben, sondern auch, um dein Lymphsystem anzuregen. Dieses Lymphsystem ist deshalb von so großer Bedeutung, weil es quasi wie die Müllabfuhr deines Körpers agiert. Wusstest du, dass das Lymphsystem mit zu unseren Entgiftungsorganen gehört? Zu unserem Lymphsystem zählen die Lymphbahnen und viele kleine Lymphknoten (insgesamt ca. 600–700). Die Lymphe transportiert neben Giftstoffen z. B. auch Hormone, Eiweiße und Fette. Die Lymphe wird nicht, wie der Blutkreislauf, vom Herz(muskel) angetrieben, sondern die An- und Entspannung der Muskeln bei Bewegung regt den Lymphfluss an.

Trockenbürstungen Sie sind neben Bewegung eine weitere Möglichkeit, den Abtransport von Säuren anzuregen. Zusätzlich wird dein Bindegewebe durch die Behandlung mit Bürsten durchblutet und gestrafft.

Halsmuskeltraining Eine gute Möglichkeit, das Lymphsystem in Schwung zu bringen, ist, die Muskeln des Halses zu beanspruchen. So einfach es klingt, Lachen und Singen setzt diese Muskulatur in Bewegung und regt somit das Lymphsystem an.

Bauchmuskeltraining Der Lymphfluss wird auch aktiviert, wenn wir unsere Bauchmuskulatur anstrengen müssen. Auch hier greift wieder das herzhafte Lachen aus dem Bauch, das zu einer Auf-und-ab-Bewegung des Zwerchfells führt. Dies bewirkt einen Unterdruck im größten Lymphgefäß unseres Körpers. Die Folge – die Lymphe wird schneller durch unseren Körper bewegt.

Zusätzlich helfen natürlich gezieltes Bauchmuskeltraining oder auch gewöhnliche Arbeiten im Haushalt, wie z. B. Arbeit im Garten.

Trampolinspringen Weitere einfache Maßnahmen zur Aktivierung der Lymphe sind das Treppenlaufen oder sogar einfaches Hüpfen. Die beste Übung hierfür? Rebounding! Auf Deutsch: Trampolinspringen!

Wasser Unser Körper enthält doppelt so viel Lymphflüssigkeit wie Blut. Je flüssiger sie ist, desto besser funktioniert der Lymphfluss. Trink daher immer ausreichend stilles, mineralarmes Wasser. Dies ist auch die Voraussetzung dafür, dass alle anderen Maßnahmen überhaupt greifen können.

Ungesunde Ernährung, langes Sitzen, Stehen und dazu Bewegungsmangel in unserem Büroalltag können übrigens auch Krampfadern (Varizen) begünstigen. Als Krampfadern werden dauerhaft erweiterte geschlängelte Venen bezeichnet. Sie entstehen, wenn die Venenklappen nicht mehr richtig funktionieren und sich das Blut in den Venen staut. Die Venenklappen sorgen dafür, dass das Blut nach oben zum Herzen und nicht wieder nach unten zurückfließt. Bei erschlafften Venenklappen ist dieser Vorgang gestört. Das Blut staut sich in den Venen, sie weiten sich, treten hervor und bilden Krampfadern. Du kannst deine Venen aber auch wieder stärken, und das sogar mit kleinen Änderungen in deiner Ernährungs- und Lebensweise. Eine entzündungshemmende basenüberschüssige Ernährung kann die Fließeigenschaft des Blutes verbessern und Entzündungen im Bein reduzieren. Besonders wichtig sind ballaststoffreiche, verdauungsfördernde Lebensmittel wie viel Obst, Salate und Gemüse. Auch sind grüne Säfte aus Wildkräutern oder Gerstengrassaft sowie Ingwerwasser und Getränke mit Kurkuma (z.B. Kurkuma Latte) empfehlenswert.

Bei Krampfadern werden als natürliches Mittel ganz besonders Präparate aus Rosskastaniensamen empfohlen. Der enthaltene sekundäre Pflanzenstoff Aescin wirkt gefäßverengend sowie entzündungshemmend und kann somit eine positive Wirkung auf Krampfadern haben. Rosskastanie ist innerlich und zusätzlich äußerlich anwendbar. Da sie nicht essbar ist, sondern nur die Extrakte, die in den Präparaten verwendet werden, entsprechend für die Einnahme hergestellt werden, sollte man nicht einfach die Kastanien zu Hause zubereiten oder sie womöglich einfach so essen.

Auch Kieferrindenextrakt kann bei chronischer Veneninsuffizienz helfen. Er ist bekannt für seine entzündungshemmenden, antithrombotischen und kollagenstabilisierenden Eigenschaften.

Last but not least ist Silizium (z.B. in Hirse enthalten) zu empfehlen, das unter anderem für Elastizität und Festigkeit unseres Bindegewebes sorgen soll. Ein Mangel an Silicium kann auch die Blutzirkulation verschlechtern.

Neben einer basenüberschüssigen Ernährung sind bei Krampfadern auch Inhaltsstoffe wie Kiefernrindenextrakt empfehlenswert, um deine Venen zu unterstützen. Ganz nebenbei kannst du im Büro Übungen wie die Wadenwippe einbauen, um deine Venen beim Transport des Blutes zu unterstützen.

» *Bei Krampfadern können unterstützend auch Schüssler-Salze angewendet werden. Dies sind von dem Arzt Wilhelm Schüssler benannte alternativmedizinische Präparate von Mineralsalzen in homöopathischer Dosierung.* «

Die Wadenwippe Stell dich in der Warteschlange im Supermarkt oder am Kopierer einfach auf die Zehenspitzen und wippe 60-mal auf und ab. Dies ist auch im Sitzen zwischendurch sehr empfehlenswert. Haben sich bereits starke Krampfadern gebildet, sollten Kompressionsstrümpfe getragen werden. Sie entlasten und stützen die Venen. Zusätzlich lassen sich die Venen gut durch

Wechselduschen trainieren. Gleich am Morgen bringt das auch deinen Kreislauf in Schwung und du kommst garantiert hellwach ins Büro! Bei warmem Wasser weiten sich die venösen Gefäße und bei kaltem Wasser ziehen sie sich wieder zusammen. Auf diese Weise werden sie trainiert und gestrafft. Es gibt also einige Möglichkeiten, Krampfadern gezielt entgegenzuwirken und durch kleine Maßnahmen das Bindegewebe und die Venen zu unterstützen. Voraussetzung ist immer die Rücksprache mit einem Arzt.

Walking Meetings und Co.

Genügend Bewegung in den Alltag zu bringen, während du den ganzen Tag im Büro sitzt, ist natürlich eine Herausforderung. Aber auch hier ist meistens noch etwas herauszuholen. Oder nutzt du bereits konsequent (und nicht nur ab und an) die Treppen anstelle des Fahrstuhls? Denk an dein Lymphsystem. Dein Lymphsystem braucht dich! Und zwar ganz besonders, wenn du unter Schwellungen oder Wassereinlagerungen im Gesicht oder an den Beinen leidest,

Quickcheck: Krampfadern entgegenwirken

- Lieber Laufen und Liegen (LLL). Schlecht dagegen ist langes Stehen oder Sitzen (SSS), da sonst das Blut in den Venen versackt, wodurch sich der Druck auf die Venen verstärkt und die Beine anschwellen könnten.
- Beine hoch, ganz legitim. Versuche deine Beine möglichst oft hochzulegen. Du kannst auch das Ende deines Bettes hochstellen (außer bei Herzbeschwerden).
- Lieber normale Absatzhöhe als High Heels tragen, um deine Venen zu schonen.
- Lieber weitere Kleidung tragen, da zu enge den Blutfluss unterbrechen könnte.
- Kaltes Abduschen der Beine und Wechselduschen verbessern die Gefäßspannung der Venen. Heiß duschen, Sauna und Dampfbad sind leider kontraproduktiv, will man Krampfadern vorbeugen.
- Bewegung wie Wandern, leichtes Trampolinspringen und kleine Übungen im Büro unterstützen die Venenfunktion durch die abwechselnde An- und Entspannung der Beinmuskulatur.
- Gegebenenfalls Kompressionsstrümpfe tragen, nicht sexy, aber effektiv und besonders im Winter kein Problem.
- Basische Ernährung und natürliche Mittel in Form von Rosskastanie unterstützen die Gefäße und wirken ausgleichend auf den Säure-Basen-Haushalt.

du häufig erkältet bist oder womöglich deine Lymphknoten geschwollen sind. Letzteres solltest du unbedingt ärztlich abklären lassen.

Kleine Schritte Mir hat ein Schrittzähler vor Augen geführt, dass Treppen zu laufen, regelmäßig vom Bürostuhl aufzustehen und eher mal die Kollegen im anderen Haus persönlich zu besuchen, anstatt anzurufen, durchaus mein Schrittekonto aufgefüllt hat. Abends die 8 Stunden überwiegendes Sitzen durch 2 Stunden Sport zu kompensieren ist nicht das Optimum, selbst wenn das viele denken. Auch gilt es, grundsätzlich vielleicht einmal umzudenken. Müssen Besprechungen immer in einem Büroraum stattfinden?

Walking Meeting Je nach Arbeitgeber wird es immer gängiger, alte Strukturen aufzubrechen, und »Walking Meetings« werden zum Trend. Frische Luft regt unsere Gedanken an und ein Perspektivenwechsel beim Spaziergang im Park oder um das Firmengelände schafft neue Lösungsansätze. Ein Walking Meeting ist eine tolle Möglichkeit, die Kreativität anzuregen. Besprechungen, die eher Sachverhalte beinhalten und technischen Equipments bedürfen, sind hierfür natürlich nicht geeignet. Auch sind solche Spazierrunden nur etwas für kleine Runden von bis zu 3 Personen. Allerdings sollte der Geschäftsspaziergang nicht ausgenutzt werden und als Klönschnack im Café enden. Mal ganz davon abgesehen, dass uns Cafés nur wieder zu Kaffee und Kuchen verleiten und statt unseres Schrittekontos nur unser Kalorienkonto wachsen lassen. Essen während des Walking Meetings ist, wie auch bei Besprechungen im Büro, besser zu vermeiden. Wenn es auf dem Weg dann doch etwas zu knabbern sein soll und es deine Kollegen nicht stört, dann doch lieber gleich ein paar gesunde Snacks wie einen Apfel mitnehmen.

Tricks für mehr Bewegung im Büro Wer hatte denn diese Woche die meisten Schritte, du oder deine Kollegen? Ein bisschen Ansporn und Spielereien im Büro untereinander lockern die Arbeitsatmosphäre auf und motivieren dazu, sich zu bewegen. Dies kannst du ganz informell mit deinem Büronachbarn oder deiner Lieblingskollegin machen oder aber auch eine Firmenchallenge dazu ins Leben rufen.

Auf geht die Reise Spaß macht es, sich innerhalb der Firma gegenseitig anzuspornen und kleine Teams zu bilden in einem Wettkampf darum, welche Gruppe in einer Woche zusammen am meisten Schritte gegangen ist. Dies kann auch in Form einer »Reise« gestaltet werden. Welches Team hat zuerst alle Schritte beisammen und kommt als Sieger in Paris an? Das Team gewinnt einen Essensgutschein oder Ähnliches. Diese oder vergleichbare Spiele werden in einigen Firmen vom Gesundheitsmanagement organisiert. Warte nicht darauf, dass deine Firma etwas für dich tut. Tu selbst etwas (für dich), bring Vorschläge bei deiner Firma an und bilde ein Team zur Vorbereitung von kleinen Abwechslungen im Alltag, die Spaß machen und die Gesundheit erhalten. Dies bedeutet keinen großen Aufwand, Schrittzähler sind günstig zu bekommen und das Ganze bringt nicht nur etwas für die Gesundheit, sondern auch für den Zusammenhalt bei der Arbeit.

Stolperfallen

Zum Mittagessen eine Lasagne und danach ein Schokopudding. Wie praktisch wäre es, ein kleines Nickerchen anzuschließen. Was folgt, ist ja leider eher ein lästiges Mittagstief am Arbeitsplatz. Aber mit einem Espresso und einem Keks geht es ja dann meistens doch wieder locker weiter im Takt.

Quickcheck: Bewegung im Alltag

- Treppen steigen: Ich versuche immer, statt des Aufzugs die Treppen zu nehmen – sowohl hoch als auch runter. Mein tägliches Beintraining.
- Zu Fuß gehen: Ich steige einige Stationen vor dem Büro aus dem Bus aus und laufe. Zeitweise steige ich ganz aufs Fahrrad um.
- Vom Schreibtisch aufstehen: Ich hole mir ab und an einzelne Gläser Wasser aus der Küche und nicht nur einmalig eine Literflasche. Ich kontaktiere Kollegen weniger telefonisch, sondern gehe öfter bei ihnen persönlich vorbei und versuche so viel wie möglich extra von meinem Schreibtisch aufzustehen. Dazu habe ich einen höhenverstellbaren Schreibtisch und Meetings gibt es bei mir oft im Stehen (verkürzt manchmal sogar die Dauer, denn Stehen ist unbequemer als Sitzen).
- Die Mittagspause nutzen: Vom Schreibtisch in die Kantine ist bequem, aber ich baue immer noch einen kleinen Spaziergang zusätzlich ein. Der Kreislauf kommt wieder in Schwung, trübe Gedanken ziehen vorbei und die Laune steigt.
- Telefonate nutzen: Auch Telefonate gibt es bei mir nicht im Sitzen, sondern ich laufe dabei im Raum herum oder bei einem kabelgebundenen Telefon stehe ich einfach auf.
- Zu jeder vollen Stunde trinke ich ein Glas Wasser – und stehe dabei auf, gehe ein paar Schritte im Büro, wippe auf den Zehenspitzen, trinke ein paar Schluck, und weiter geht es im Programm.

Wenn wir unsere gewohnten Abläufe mal durchgehen, gibt es eine ganze Menge Möglichkeiten, sich zusätzlich zu bewegen.

Hangover – Schluss mit dem Mittagstief

Wenn wir einige Stunden am Stück arbeiten, brauchen wir wieder eine kleine Pause, um den Kopf frei zu bekommen. Statt einer Pause an der frischen Luft gehen wir meistens jedoch nur kurz über den Hof zum Essen. Die oft reichhaltigen Speisen um die Mittagszeit lassen sich aber nicht so gut mit unserer sitzenden Tätigkeit vereinbaren. Die zur Verdauung der deftigen Nahrungsmittel zusätzlich nötige Energie lässt uns müde und träge werden. Achte daher bei der Auswahl deiner Speisen, besonders in der Kantine, auf die Zusammenstellung. Greif zu den Beilagen, wie Bohnen, Erbsen, Kartoffeln, Gemüse und Salaten. Die üppigen Zutaten wie Weißmehlnudeln mit Sauce oder Fleisch lässt du einfach links liegen.

Andere Alternativen sind dein Salat im Glas (Seite 19) und deine gesunden Snacks wie Energieriegel (Seite 145), Obst und Nüsse, die verhindern, dass dein Blutzuckerspiegel Achterbahn fährt. Aber manchmal ist es schon zu spät, und nicht nur der Blutzuckerspiegel ist im Keller, sondern der verlockende Kuchen vom Kollegen steht auch noch direkt vor deiner Nase. Und was dann?

Versuchungen

Wie oft nehmen wir uns vor, auch im Büro gesund zu essen, und was passiert? Wir bekommen einen Schokoriegel nach dem anderen angeboten oder der Kollege bringt eine leckere Torte mit. Irgendeiner hat immer Geburtstag und irgendwie ist immer irgendwo Kuchen oder etwas Süßes. Vielleicht wird es dir zu Beginn schwerfallen, den Versuchungen zu widerstehen, wenn um dich herum nicht gesund gegessen wird und Ungesundes herumsteht. Es geht ja auch gar nicht darum, mal bei einem Stück Kuchen zum Geburtstag eine Ausnahme zu machen, sondern um die permanente Präsenz von Süßigkeiten und ungesunden Nahrungsmitteln, die wir nebenher schnökern. Letztendlich gilt es hier, vielleicht ein bisschen an deiner Willensstärke zu arbeiten und öfter Nein zu sagen. Genauso wenig wie du dich durchgehend ungesund ernähren solltest, genauso wenig ist es ratsam, nun dogmatisch einer gesunden Ernährungsweise zu folgen und Angst vor Geschäftsessen oder Geburtstagen im Büro zu haben. Finde deinen Mittelweg. Dies bedeutet, dass du dich überwiegend gesund ernährst, aber durchaus mal in Gesellschaft mit deinen Kollegen bei einer Feier mit einem Glas Sekt anstoßen kannst, wenn du unbedingt möchtest. Aber eben bewusst und als Ausnahme. Sobald du bemerkst, wie gut dir basische Lebensmittel bekommen, wirst du öfter freiwillig auf Ungesundes verzichten. Manchmal vertragen wir die ungesunden Angebote auch gar nicht mehr. Scheue dich nicht zu sagen, wenn du etwas nicht verträgst. Dafür hat jeder Verständnis.

Kaffee sollte nicht als Durstlöscher fungieren,
Zitronenwasser ist da eine erfrischende basische Alternative.

Aber warum essen wir eigentlich so gern im Büro nebenbei? Wir haben viel zu tun, dann gibt uns ein Stück Kuchen oder ein Kaffee den nötigen Energiekick. Das Arbeitsthema ist gerade dröge und da versüßt uns ein bisschen Schokolade den tristen Alltag. Oder der Chef und die lieben Kollegen strapazieren unsere Nerven, sodass ein Zuckerschub unseren Serotoninspiegel wieder steigen lässt und die Laune nicht gänzlich in den Keller fällt. Süßes spricht unser Belohnungszentrum an, aber belohnt der Griff zur Zuckerbombe wirklich unseren Körper? Ganz im Gegenteil. Einen Grund, zu ungesunden Nahrungsmitteln zu greifen, gibt es leider immer, und schon ist es eine Gewohnheit. Höchste Zeit, sich nicht mehr so einfach träge im Büro dahintreiben zu lassen und den Ärger anders als mit Kalorien zu bewältigen. Wenn wir unsere Arbeitsmotivation verbessern, haben wir viel mehr Spaß am Job, und während Unlust zu Frust und Kompensation durch Essen führt, hilft uns Freude und Spaß bei der Arbeit, ungesunde Gewohnheiten wieder loszulassen.

Wenn Geburtstage anstehen, ist es natürlich schön, wenn auch mal ein Stück Kuchen oder ein Cupcake (Seite 140) dabei ist, der nicht ganz das Säurekonto sprengt. Daher gibt es für diese Anlässe auch gesunde Alternativen, die den Kollegen ebenfalls schmecken. Glaubst du nicht? Solange man nicht erzählt, dass es sich um eine gesunde Variante handelt, fällt es auch nur den wenigsten auf. Einfach mal ausprobieren.

»*Über die Jahre ist mir nicht nur die Qualität meiner Lebensmittel wichtig geworden, sondern auch die Zubereitung. Esse ich mal eben rasch den Burger, der schnell zusammengeklatscht wird, vielleicht noch von Menschen, die ihren Job nicht mögen? Oder warte ich bis zu Hause und mache mir meinen eigenen Salat? Ist es nicht schöner zu wissen, dass die Lebensmittel frisch und voller Nährstoffe sind, bewusst und mit Wertschätzung zubereitet?*«

Gute Gewohnheiten gegen Stolperfallen:

- Nimm dir gesunde Snacks und nicht nur eine einzige große Speise mit.
- Knabbere die Snacks nicht einfach nebenbei, sondern bewusst, wenn der kleine Hunger kommt. Mit Nüssen, dunkler Schokolade, Gemüsesticks und Nussriegeln bist du gut gewappnet. Nutze eine Ernährungsumstellung auch für einen kleinen Check deines Ernährungsverhaltens. Automatisches und unbewusstes Knabbern lässt sich genauso wieder abgewöhnen, wie wir es uns angewöhnt haben. Auch gesundes Knabbern sollte eine Ausnahme bleiben.
- Achte auf regelmäßige Luftzufuhr durch kleine Spaziergänge und Lüften der Büroräume.

- Trink ausreichend Flüssigkeit wie stilles Wasser (mit Gurkenscheiben, Limetten- oder Orangenscheiben) oder basischen Tee.
- Salat am Mittag als Alternative zu den üblichen deftigen Speisen macht dich nicht satt? Ergänzungen wie Bohnen, Sprossen und Keimlinge, Pilze und leckere Gewürze helfen dabei.
- Kaffee ersetze durch Lupinenkaffee oder Tees. Wenn es nicht ohne geht, nimm etwas Kardamom zur Bindung der Säuren und bei einem Milchkaffee anstelle von tierischer Milch pflanzliche Drinks (z. B. Hafer- oder Mandeldrink)
- Glutenfreie Wraps oder Linsenspirelli sind eine leckere Alternative beim Mittagessen.

Gute Laune macht den Büroalltag leichter

Gehst du gern zur Arbeit? Eine Bekannte sagte mal beiläufig in einem Gespräch zu mir: »Arbeiten macht auch keinen Spaß und ich mache es trotzdem.« Das fand ich sehr ernüchternd. Für mich war immer klar, dass mir meine Arbeit Spaß machen muss und ich lieber bei der Karriere etwas zurückstecke, als mich zum Job zu quälen. Meiner Meinung nach muss Arbeit keineswegs Zwang sein und darf Spaß machen. Ein guter Ansatz ist hier generell, den Kollegen und den Geschehnissen mit etwas mehr Humor und Gelassenheit zu begegnen, anstatt verbissen auf seinem Recht und den Regeln zu bestehen. Einfach mal auch nicht alles so persönlich nehmen.

Gelassenheit im Büro geht oft auch einher mit einem ausgeglichenen Privatleben. Im Endeffekt beeinflusst sich beides natürlich auch gegenseitig. Haben wir privat viel zu bewältigen und sind bereits belastet, fällt es uns schwer, im Büro leicht und locker auf die kleinen Spitzen der Kollegen zu reagieren. Die meisten Äußerungen sind auch wahrscheinlich nicht mal Spitzen, sondern bestätigen lediglich aus unserer Perspektive unseren Blick auf die Welt. Weiterhin ist es hilfreich, unsere Freizeitgestaltung mal wieder unter die Lupe zu nehmen. Ich habe festgestellt, dass nach ein paar Jahren Berufsleben mein »After-Work-Life« alles andere als interessant und abwechslungsreich war. Meinen Kollegen ging es ebenso, und nun gehen wir daher einmal in der Woche zusammen laufen und danach in einen Club mit Lifemusik. Mit Familie und Freunden gibt es nun wieder mehr Wochenendausflüge, Wanderungen und vom Klettern bis zur Trampolinhalle heißt es jetzt hoch von der Couch, auch den Haushalt mal sein lassen und für neue Impulse sorgen.

Wenn der kleine Hunger dann trotzdem kommt, darf es ruhig mal ein Snack zwischendurch sein. Aber bitte gesund und am besten selbst vorbereitet. Sei gewappnet und nimm dir nicht nur kleine Speisen für zwischendurch mit, sondern auch gesunde Snacks. Das Tolle an den

Snacks, die ich dir gleich vorstelle, ist, dass sie satt machen ohne spätere Heißhungerattacken oder ein Leistungstief. Die Vorbereitung einiger Snacks kannst du sogar ganz leicht im Büro durchführen und direkt losschnökern.

Quickcheck: Arbeitsklima verbessern

- Lachen mit Kollegen! Warte nicht darauf, dass andere den ersten Schritt tun, geh offen auf deine Kollegen zu, gib Freundschaften eine Chance und verbringe mit den anderen gemeinsam Zeit in den Pausen. Brauchst du Zeit für dich, nimm sie dir auch. Beides braucht seinen Raum.
- Setze Grenzen! Klartext zu reden, bedeutet nicht, unfreundlich zu sein, sondern dich selbst und andere durch ein Nein vor unnötigem Stress zu bewahren.
- Abgeben! Gestalte Aufgaben effizienter und lass ruhig auch mal los. Aufgaben tauschen oder delegieren schützt manchmal vor zusätzlichen Belastungen.

Gesund snacken

Ob Nüsse, geröstete Kichererbsen, getrocknete Früchte oder Obst und Gemüse – auf der Palette der gesunden Snacks für zwischendurch findet sicher jeder das Richtige.

Leckere Knabbereien

Früher gab es bei mir sehr oft Schokoriegel und Süßkram. Die schmecken gut und machen fröhlich, aber eben nur kurzfristig. Inzwischen habe ich Mandeln, Cashews oder Macadamias mit. Basisch sind nur die Mandeln, aber die anderen gehören zu den gesunden Säurebildnern. Allerdings solltest du trotzdem nicht einfach so nebenbei eine Packung wegknabbern, das ist nicht Sinn der Sache. Aber zwischendurch ein paar Mandeln, auch mit Rosinen, sind sehr lecker, leicht zu besorgen und ein gesunder Snack. Der Vorteil von Nüssen ist, dass sie lange satt machen, gesunde Fette und wichtige Nährstoffe enthalten. Eine leckere Alternative sind auch geröstete Kichererbsen oder in Maßen getrocknete Früchte.

Rohkost zum Knabbern ist natürlich auch immer eine praktische Lösung. Obst, Gemüse und Küchenmesser habe ich immer in der Büroküche deponiert. Mal gibt es Kohlrabi, mal Gurke, Heidelbeeren, Erdbeeren oder manchmal auch Erdmandeln. Die Erdmandel ist basisch und lässt sich auch gut in die Tasche stecken und zwischendurch knabbern. Andere haben Schokoriegel in der Schublade, ich eben Mandeln und Trockenobst.

Snacks für zwischendurch:

- eine Handvoll Mandeln oder Nüsse (ungesalzen, ohne Zusatzstoffe)
- Rosinen
- Samen, Kürbiskerne, Sonnenblumenkerne etc.
- ein Stück rohe Schokolade (Schokolade in Rohkostqualität)

- Gemüsestangen, Cracker mit Hummus
- diverse Beeren mit veganem Joghurt
- Oliven
- getrocknete Feigen und gefüllte Datteln

Der kleine Hunger

Manchmal reicht uns ein Snack nicht, sondern wir haben wirklich Hunger. Als kleine Mahlzeit zwischendurch kannst du dir dann im Büro auch einen Basenbrei machen. Er eignet sich nicht nur als Frühstück. Der Basenbrei ersetzt quasi das »gesunde Müsli mit Milch«.

Müsli war früher der Inbegriff von gesund, genauso wie Milch. Müsli ist jedoch nicht immer gleich Müsli. Denn versteckter Zucker und ein Mangel an Ballaststoffen, die deinen Blutzuckerspiegel schnell ansteigen lassen und Heißhunger verursachen, machen das an sich gesunde Müsli oftmals zu einer ungesunden Süßigkeit. Zum Glück gibt es basisches Müsli (auch Basenbrei genannt) mit Wasser oder pflanzlichen Drinks.

Basenbrei

Du kannst dir einen fertigen Basenbrei im Drogeriemarkt oder Reformhaus kaufen oder dir diesen Brei selbst zusammenstellen. Grundzutaten sind glutenfreie Pflanzen wie Hirse, Quinoa, Amaranth oder Buchweizen. Bei den Fertigprodukten gibt es oftmals Unterschiede in den Zusammensetzungen und Produkte mit Zusätzen solltest du besser im Regal stehen lassen. Finden sich doch dieselben Zutaten auch häufig in einer Form ganz ohne zugesetzte Stoffe.

Deinen Brei kannst du dann vielfältig nach deinem eigenen Geschmack variieren. Mit unterschiedlichen Gewürzen kannst du dir immer wieder neue Geschmacksnoten schaffen. Einige Beeren oder etwas Banane dazu, und du hast eine leicht süße Kombination. Im Büro kannst du die Zutaten ganz einfach mit heißem Wasser übergießen oder du nimmst den Brei in einem Behälter mit zur Arbeit (warm oder kalt, z. B. in einem Thermo-Edelstahlbehälter oder einem Schraubglas). Pflanzliche Drinks können statt Wasser verwendet werden. Tierische Milch gehört zu den Säurebildnern und sollte in der basischen Ernährung gar nicht vorkommen.

» *Hirse, Buchweizen, Amaranth und Quinoa sind zwar nicht basisch, enthalten aber viele Vitalstoffe, die unser Körper benötigt. Du kannst sie aber z. B. keimen lassen, dann entsteht ein Basenbildner.* «

Gefüllte Datteln und getrocknete Feigen mit Mandeln

2 Datteln, 2 Feigen
⏲ Zubereitung 2 Min.

2 entsteinte Datteln • 2 Feigen • 1 TL Mandelmus • 4 Mandeln

- Die Datteln mit einem Messer in zwei Hälften teilen und zwei Hälften mit Mandelmus und weitere zwei Hälften mit einer Mandel füllen.

- Die anderen beiden Mandeln zusammen mit den Feigen genießen. Sehr leckere Kombination.

Äpfel mit Cashewmus

Knackige Kekse am Nachmittag gehören für viele dazu. Apfelspalten mit Cashewmus und Zimt sind eine ebenso knackige, dafür aber frische und gesunde Alternative. Du kannst die Apfelspalten mit Mussorten wie Mandelmus bestreichen oder dippen, wie du magst. Eine etwas herzhaftere Variante ist Hummus (Dip aus Kichererbsen) oder einer der anderen leckeren veganen Dips, die du im Reformhaus findest (u. a. Nussbutter, Kokosmus).

Smoothies und Säfte

Zu Hause gemixt und in einem Glas oder Edelstahlbehälter sind die fertigen Getränke gut zur Arbeit zu transportieren. Natürlich sind Smoothies und Fruchtsäfte gesund – aber nur in Maßen. Gern trinken wir schnell mehr von den süßen Säften. Bei den Smoothies haben wir die Möglichkeit, ganze Früchte zu verwenden und somit eine leckere Zwischenmahlzeit mit vielen Ballaststoffen zu kreieren. Wichtig ist auch immer die Kombination mit grünen Blättern. Zum

Smoothievariationen

Smoothie-Einstieg

Wenn du Smoothies das erste Mal zubereitest, kannst du auch zunächst weniger Obst und Gemüse nehmen und testen, wie viele Portionen du für dich und deine Familie benötigst. Dann kannst du morgens die eine und abends die andere Hälfte zubereiten.

Smoothie als Eis und für Salat

Was machst du, wenn etwas vom Fruchtsmoothie übrig bleibt? Versuch doch mal, den Rest mit einem Stiel in einer Eisform einzufrieren. Fertig ist ein gesundes und sehr leckeres Eis. Eine andere Möglichkeit ist bei einem Fruchtsmoothie, die Sauce einfach über deinen Obstsalat zu geben. Bei mir sind die Smoothies meistens eher cremig und schmecken super in dieser Kombination.

Smoothie-Erfrischungsgetränk

Smoothies kannst du mit ein paar Eiswürfeln ergänzen, dann sind sie im Sommer ein tolles Erfrischungsgetränk und bleiben etwas länger kühl.

Smoothies mit Karibikfeeling

Wenn du es etwas exotischer magst, kannst du deinen Smoothie mit Kokoswasser statt mit Wasser zubereiten. Somit hast du drei Varianten, z. B. zum Frühstück Kokosnusswasser pur, im Büro grüne Smoothies und abends einen Smoothie mit Kokosnusswasser.

Eingewöhnen kannst du Spinat oder auch Grünkohl probieren und später nach und nach Wildkräuter ergänzen. Smoothies sind nicht mit Wasser gleichzusetzen und ersetzen auch nicht das Trinken von Wasser. Du kannst deine Kräuter immer nach Geschmack wählen. Löwenzahn schmeckt eher bitter, Sauerampfer sauer, Brunnenkresse scharf, Schafgarbe eher krautig. Beginne dich langsam an die Wildkräuter heranzutasten.

Frische Säfte Wenn du einen Entsafter hast, presse dir einmal frische Säfte fürs Büro. Allerdings tendieren wir dazu, sehr viel Obst zu entsaften, es schmeckt ja auch schön süß. Leider sind in diesen Säften keinerlei Ballaststoffe mehr vorhanden und der Fruchtzucker gelangt ruckzuck ungehindert ins Blut. Besser ist es daher, auf grünes Gemüse umzusteigen und dir z. B. mal einen Selleriesaft zu pressen, damit du in den Genuss der wichtigen Nährstoffe aus grünem Gemüse kommst. Wenn du einen Apfel oder eine Birne hinzumischst, ist dies vollkommen okay. Die Richtlinie lautet: Je mehr grün, desto besser, und der Obstgehalt sollte sich mit der Zeit zugunsten von Gemüse immer weiter verringern.

Viele glauben, sie vertrügen keine Säfte, was natürlich auch so sein kann. Manchmal hilft es, den Saft (und auch Smoothies) ganz langsam zu genießen und sogar zu kauen. Es ist grundsätzlich ratsam, den Saft gut einzuspeicheln, damit die Mineralien und Vitamine besser von der Mundschleimhaut aufgenommen werden können.

Tipp

Morgens muss es bei mir schnell gehen. Den Entsafter baue ich daher immer schon abends zusammen und bereite alles so weit wie möglich vor (Obst und Gemüse waschen, Behälter zum Abfüllen bereitstellen).

Flüssig im Büro

Softgetränke sind nicht jedermanns Sache, stehen aber bei fast jeder Besprechung auf dem Tisch. Der Versuchung nicht zu widerstehen ist damit oft programmiert. Häufig reicht aber ein Glas Wasser, wenn wir eine Heißhungerattacke bekommen, denn leicht verwechseln wir unbewusst Durst mit Hunger. Daher beim nächsten Mal einfach direkt ein Glas Wasser trinken. Mit einem Spritzer Zitronensaft oder einer Scheibe Kurkuma bleibt es spannend in deinem Glas. Zitrone eignet sich optimal fürs Büro, denn sie versorgt deinen Körper mit Basen, erfrischt und ist auch perfekt in Zeiten, wenn Erkältungen rumgehen. Auch leckere Früchte wie Erdbeeren oder etwas Minze helfen dir, dein Wasser aufzupeppen. Oder du bringst dir deinen Kurkuma Latte gekühlt mit und hast damit ein etwas sättigenderes Getränk.

Beerenbowl

1 Person
Zubereitung 5 Min.

1 Handvoll Heidelbeeren • 1 Handvoll Erdbeeren • 2 Handvoll Himbeeren • 1 Banane • 50 ml Mandelmilch • 2–3 Brombeeren • 1 TL Mandelmus

- Beeren waschen, Bananen schälen. Bis auf die Brombeeren und Mandelmilch alle Zutaten in den Mixer geben und vermischen.
- Nun nach und nach Mandelmilch hinzugeben, bis eine Creme entsteht. Die Creme sollte nicht zu flüssig sein.
- Creme in eine kleine Schüssel geben und mit 2–3 Brombeeren garnieren.

Ich rate dir übrigens zu einem stillen, mineralarmen Wasser. Unsere Ernährung ist dafür da, uns mit Nährstoffen zu versorgen. Sie kommen im Verbund und so kann unser Körper alle Mineralien und Vitamine optimal verwerten. Wasser in der basischen Lebensweise soll unseren Körper von Stoffwechselresten befreien und nicht schon vorher mit Mineralien gesättigt sein. Empfehlenswert ist ebenfalls Wasser ohne Kohlensäure. Sie wird sehr oft in einem künstlichen Verfahren zugesetzt, damit das Wasser besser schmeckt und länger hält. Wenn du dich für stilles, mineralarmes Wasser entscheidest, greif auch zu Glasflaschen. Niemand weiß, wie weit die Inhaltsstoffe von Plastikflaschen unsere Gesundheit wirklich gefährden.

» Gewöhne dir an, immer eine Wasserflasche mitzunehmen. So kannst du gleich nach Besprechungen, im Auto oder unterwegs regelmäßig trinken und Heißhungerattacken vorbeugen. Für hektische Tage und kleine Ausrutscher, die mit der Zeit immer weniger werden, kannst du auch Gerstengraskapseln in deiner Tasche dabeihaben. Die kleinen Booster helfen dir, Säuren zu neutralisieren, und geben dir eine Extraportion Nährstoffe. «

Wenn es dir schwerfällt, regelmäßig Wasser zu trinken, versuch Rituale einzuführen, z. B. jeden Morgen nach dem Aufstehen, zu jeder vollen Stunde, vor dem Spazierengehen oder beim Sport 0,5 Liter zu trinken.

Die besten Booster fürs Büro

Jeder Körper braucht besonders in Stressphasen nährstoffreiche basische Lebensmittel, um seine Mineralstoffdepots aufzufüllen.

Ich habe festgestellt, dass sich im Laufe meines Erwachsenwerdens immer mehr Nahrungsmittel und Lebensumstände in meinen Alltag eingeschlichen haben, die ich vermeintlich als gesund eingestuft habe. Sport im Übermaß, viele Milch- und Getreideprodukte sowie täglich Süßigkeiten. Die sehr nährstoffhaltigen Basenspender, die so wichtig für meinen Körper sind, um Mineralstoffdepots wieder aufzubauen, kamen leider zu kurz. Dabei braucht der Körper sie besonders in Stress- oder fordernden Lebenssituationen. Säuren produziert unser Organismus unentwegt, Mineralien und andere Nährstoffe hingegen müssen durch die Ernährung geliefert werden. Ansonsten sind unsere Nährstoffdepots vielleicht schneller leer, als uns lieb ist. Ich baue daher sehr bewusst zusätzlich Basenspender in meinen Büroalltag ein oder ziehe sie als Ausgleich in anstrengenden Phasen heran. Dabei gilt es nicht, Säuren zu verteufeln, sondern das richtige Verhältnis zu wahren. Je mehr Säuren unser Körper jedoch produziert, desto mehr Basen benötigt er.

Basenbooster Sie finden sich nicht nur in der Ernährung. Das Säure-Basen-Gleichgewicht wird auch durch eine gesunde Lebensweise unterstützt. Somit zähle ich auch entgiftende Maßnahmen und säurereduzierende Lebensumstände zu Basenboostern. Ich versuche, mit kleinen Maßnahmen jeden Tag sowohl eine Extraportion Nährstoffe zu erhalten als auch meine Entgiftungsorgane zu entlasten. Es ist empfehlenswert, neu entstandene Säuren umgehend z. B. durch basische Bäder aus dem Körper zu leiten, damit sie gar nicht erst eingelagert werden müssen. Bei den folgenden Boostern gehe ich nach meinen persönlichen Favoriten, mit denen ich sehr gute Erfahrungen gemacht habe.

Bitterstoffe Der Top-Basenbooster für mich sind Bitterstoffe. Bei Obst und Gemüse sind Bitterstoffe meist herausgezüchtet, denn wir Verbraucher mögen es gern süß. Dabei unterstützen Bitterstoffe unsere Entgiftungsorgane und regen den Stoffwechsel an. Besonders im Büro ist ein Bittertee eine Möglichkeit, dem Süßhunger ein Schnippchen zu schlagen. Gib deinem Körper bei Süßhungerattacken Bitterstoffe und er wird nach und nach lernen, dass sein Süßhungersignal nicht mehr mit noch mehr Zucker belohnt wird. Bitterstoffe findest du unter anderem in Rucola, Löwenzahn oder auch Rosenkohl.

Gerstengras Bei mir im Büro nichts Ungewöhnliches mehr. Das grüne Getränk begleitet mich jetzt tatsächlich schon seit über 20 Jahren; auf die basische Ernährung bin ich erst viel später gestoßen. Ich trinke es fast täglich, und zwar weil ich wirklich spüre, wie gut es mir tut. Außerdem ist es für mich nicht nur der perfekte Start in den Tag, sondern hat sich auch als gesunder Ausgleich erwiesen, wenn es z. B. einen Ausstand im Büro gab und es nicht ganz so basisch hergegangen ist. Für Geschäftsreisen habe ich Gerstengraspulver als Kapseln dabei, und nicht nur das, auch Gerstengrasriegel haben es mir angetan und eignen sich für den kleinen Hunger zwischendurch. Gerstengras zählt aufgrund seiner großen Fülle an Nährstoffen zu den wohl basischsten Lebensmitteln. Es enthält mehr Vitamine, Mineralien und Spurenelemente, Chlorophyll, Enzyme und Bioflavonoide als alle anderen bisher untersuchten Pflanzen. Du kannst es dir, so wie ich, als Nahrungsergänzungsmittel in Pulverform kaufen oder aber günstig selbst anbauen. Letzteres ist natürlich die optimale Variante, da du dann das Gerstengras immer ganz frisch erhältst. Als Getränk kannst du das Pulver pur mit etwas Wasser mischen oder dir einen Teelöffel Gerstengras in deinen Smoothie mixen.

Banane Ist sie dir als Basenbooster vielleicht zu einfach und zu gewöhnlich? Leider unterschätzen wir die einfachen Dinge des Lebens und somit auch unser gewöhnliches Obst im Supermarkt. Denn die Banane hat es in sich! Eine Banane gibt es bei mir eigentlich jeden Tag zum Frühstück, ob im Obstsalat oder im Smoothie. Auch in meinen Buchweizenpancakes sind sie zu finden. Im Büro gehört sie zu meinen Snacks und ist ganz besonders dort unverzichtbar. Denn Bananen sind reich an Tryptophan, das eine besondere Rolle bei der Serotoninbildung spielt. Schlechte Stimmung und sogar Depressionen können die Folge eines niedrigen Serotoninspiegels sein. Somit ist die Banane eine echte Alternative zu Schokolade, die bei Frust häufig herhalten muss, und sorgt für gute Laune! Aber das ist noch lange nicht alles. Bananen liefern dazu noch Vitamin B_6, das Spurenelement Zink und zahlreiche Mineralstoffe, wie Kalium, Phosphor und Magnesium. Alles wichtige Inhaltsstoffe im Zusammenhang mit Stress und eine perfekte Nervennahrung, wenn mal wieder das Nachmittagstief droht. Die Ballaststoffe sorgen ganz nebenbei für eine lange Sättigung und die Mineralstoffe Kalium und Eisen für eine gute Denkleistung. Das ist doch klasse!

Die Banane ist nicht nur ein idealer Snack zwischendurch, sondern lässt sich auch toll mit anderen Speisen kombinieren. Ob im Smoothie, zu einer Schokocreme verarbeitet oder um einen Chiapudding zu ergänzen. Ein Rezept, wie du dir aus Banane eine leckere (gesunde) Schokocreme (Seite 142) zaubern kannst, habe ich natürlich auch für dich.

Meine Hauptverwendungsmöglichkeiten für Bananen:

- Für meine Smoothies liefern Bananen mir die Cremigkeit, sowohl bei grünen Smoothies als auch bei Früchteshakes. In einer Glasflasche transportiere ich meinen Smoothie mit ins Büro.
- Tiefgefrorene Bananen kommen bei mir mit Vanillepulver und Nektarinen in einen Mixer und ergeben ein leckeres Eis. Dieses basische Eis gibt es bei mir im Sommer nach einem Bürotag gemütlich im Garten.
- Obstsalat ohne Banane? Nicht bei mir, und auch die Sauce aus verschiedenen Beeren enthält etwas Banane.
- Mein Eiweißdrink, den ich mir in einem Edelstahlbehälter mit auf Reisen nehme und der mich besonders lange satt hält, besteht außer aus Reisprotein, Zimt und Feigen aus einer Banane. Diese Mischung eignet sich auch besonders gut für nach dem Sporttraining.
- Als leidenschaftlicher Schokoladenjunkie mische ich mir aus Bananen und rohem Kakao einen leckeren Pudding. In einem Schraubglas auch im Büro ein toller Genuss.

Datteln Seitdem ich alternative Süßungsmittel nutze, ist die Dattel aus meiner Küche nicht mehr wegzudenken. Manchmal mische ich sie mit etwas Wasser zu einer Dattelcreme, in Eis zusammen mit gefrorenen Bananen, mixe sie in Energieriegel oder in meinen Bananenshake. Allerdings alles nur in Maßen. Die Datteln enthalten viel Eisen, Kalzium, Proteine und Ballaststoffe und sind Kaliumlieferant. Sogar die Vitamine A, B und C findest du in der Dattel. Ihr hoher Eisengehalt soll bei Konzentrationsschwierigkeiten und kalten Händen und Füßen helfen. Neben dem Kalium ist in Datteln ebenfalls Magnesium enthalten, empfehlenswert etwa, um Anspannungen zu reduzieren. Die enthaltenen Vitamine wie das Vitamin A unterstützen z. B. die Sehkraft und die Regeneration der Hornhaut des Auges. Heimisch ist die Dattelpalme am Persischen Golf, kultiviert wird sie heute von Nordafrika bis Pakistan. Die Datteln, die du bei uns zu kaufen bekommst, stammen häufig

Spicy Ingwershot

Ca. 200 ml
Zubereitung 10 Min.

1 Zitrone • 2 kleine Orangen • 100 g Ingwer • 1 Apfel

- Zitrone und Orangen entsaften, Ingwer und Apfel schälen, sollte es keine Bioqualität sein, und das Gehäuse des Apfels entfernen.
- Zitronensaft, Orangensaft, Ingwer und Apfel in einen Mixer geben oder in einem hohen Gefäß pürieren.
- Danach durch ein Sieb in eine Glasflasche geben.

Tipp Vor Gebrauch gut schütteln und für einen Shot ca. 20–30 ml des Safts trinken. Hält 3–5 Tage im Kühlschrank.

aus Tunesien. Ich kaufe meine Datteln im Reformhaus ohne zusätzlichen Zuckerzusatz, Biodatteln, fair gehandelt und aus ökologischem Anbau.

Ingwer Die Ingwerwurzel ist nicht nur bekannt zur Vorbeugung gegen Reiseübelkeit, sondern wird auch gern in der kalten Jahreszeit zur Stärkung des Immunsystems empfohlen. Die antibiotische und immunsystemstimulierende Wirkung des Ingwers ist sogar wissenschaftlich belegt. Inhaltsstoffe wie ätherische Öle und Scharfstoffe regen die Durchblutung an und sorgen für einen wärmenden Effekt. Unser Stoffwechsel wird durch Inhaltsstoffe wie Gingerole und Shogoal angeregt und unser Körper auf natürliche Weise beim Entgiften der Leber unterstützt. Ingwer ist also ein ganz toller Entgiftungsbooster und daher perfekt für eine basische Lebensweise geeignet. Daher gibt es bei mir fast täglich einen würzigen Ingwertee. Ich übergieße einfach 1 bis 2 cm Bio-Ingwer mit etwas Wasser und lasse das Getränk 15 bis 20 Minuten ziehen.

Aus Ingwer kannst du dir auch in konzentrierter Form einen Ingwershot machen. Er eignet sich besonders, wenn der erste Schnupfen im Anmarsch ist.

Regional bleiben

Regionale Süßungsmittel, die du alternativ auch zum Süßen von Desserts oder in Smoothies verwenden kannst, sind z. B. Dicksäfte aus Äpfeln und Birnen, und zum Knabbern bieten sich leckere Rosinen an.

Booster für die Erkältungszeit

Wer kennt sie nicht, die Präventionsmaßnahmen gegen Erkältungen im Büro: von einer gründlichen Handdesinfektion über Zitronentee bis hin zu Vitamin-C-Tabletten. So versuchen wir in der Grippezeit möglichst ungeschoren davonzukommen. Aber in Büros fühlen sich Grippeviren besonders wohl, denn in Räumen, die selten oder schlecht gelüftet werden und in denen viele Menschen ein- und ausgehen, übertragen sich die Keime besonders gut. Einmal gehustet oder geniest, und schon verbreitet sich die Grippe im ganzen Büro. Wusstest du, dass Ansteckungsgefahr besteht, selbst wenn in die Hand gehustet wird? Der erkrankte Mitarbeiter fasst Unterlagen, Fahrstuhlknöpfe oder Türklinken an und verbreitet die Keime unweigerlich weiter.

Daher ist es natürlich umso wichtiger, dass du ein ordentlich starkes Immunsystem hast, das von den Keimen unbeeindruckt bleibt. Nicht zu vergessen, während der Grippewelle besonders auf Reinigung und auch auf Lüftung zu achten. Keime lauern besonders an Orten, die beim Putzen schnell mal übersehen werden, wie PC-Tastaturen, Türklinken, Knöpfe von Kaffeemaschinen oder Druckern.

Auch hilft es, die Knöpfe von Fahrstühlen etc. z. B. gar nicht erst mit dem Finger, sondern lediglich mit dem Fingerknochen zu drücken. So landen die Keime nicht so schnell in der Hand bzw. später im Gesicht.

Ein kleines, aber feines Hausmittel zum Desinfizieren ist übrigens Wasserstoffperoxid. Allerdings ist hier nicht die Reinform gemeint, sondern die Verdünnung der Lösung. Während das reine Wasserstoffperoxid ätzend und bleichend wirkt, ist die stark verdünnte Substanz (3 %) ein altes Heilmittel gegen Bakterien, Viren und Pilze.

» *Wasserstoffperoxid (3 %) eignet sich perfekt als natürliches Mittel zum Desinfizieren von Wunden, Türklinken und anderen Flächen. Du mischst Wasser und Wasserstoffperoxid im Verhältnis 1:1, gibst die Flüssigkeit in eine dunkle Sprühflasche und reinigst damit ganz einfach Tische, Küchenbrettchen, Kühlschränke oder Türklinken. Bei kleinen Wunden hilft Wasserstoffperoxid, die Blutung zu stoppen, und kann eine Infektion der Wunde verhindern.* «

Einer der wirkungsvollen Immunbooster ist der Ingwershot (Seite 55). Weitere Booster bei einer beginnenden Erkältung sind Schwarzkümmelöl, Kurkuma und Cystustee.

Schwarzkümmelöl Es gehört wohl mit zu den beliebtesten Naturheilmitteln, wenn auch nicht unbedingt zu den bekanntesten. Dabei ist besonders das Schwarzkümmelöl für die Stärkung des Immunsystems zu empfehlen. Das erste Kratzen im Hals? Dann greife ich sofort zu einem Teelöffel Schwarzkümmelöl. Durch seine entzündungshemmende und schmerzlindernde Wirkung ist es bei mir die Erste-Hilfe-Maßnahme und das Öl kommt bei mir auch vorbeugend zum Einsatz. Eine kleine Flasche findet sich im Herbst bei mir in der Schreibtischschublade. Aber nicht nur als Immunbooster eignet sich Schwarzkümmelöl. Es ist ein Allrounder unter den Naturheilmitteln und wird auch bei Hautproblemen, Hormonschwankungen, Heuschnupfen und Allergien empfohlen. Allerdings ist es wichtig, wie bei anderen Mitteln auch, auf die richtige Einnahme und Verwendung zu achten. Daher lege ich dir ans Herz, dich vorher sorgfältig zu informieren, damit du optimal von den Wirkungen des Schwarzkümmelöls, die wissenschaftlich erwiesen sind, profitieren kannst.

Immunbooster de luxe

1 Tasse

Zubereitungszeit 2 Min.

1 TL Bio-Kurkuma, in kleine Stücke geschnitten • 1 TL geriebener Bio-Ingwer • ½ TL Öl • 1 Prise Pfeffer

- Alle Zutaten mit 150 ml heißem Wasser übergießen und 20 Minuten ziehen lassen.

Tipp Zum Süßen kannst du 1 TL neuseeländischen Manuka-Honig (oder anderen Honig) hinzugeben. Der Manuka-Honig wirkt heilungsfördernd und antibakteriell.

Kurkuma Damit mir mein Ingwertee nicht zu eintönig wird, mische ich sehr gern Kurkuma mit in mein Getränk. Die Kurkumapflanze gehört zur Familie der Ingwergewächse und wird auch Gelbwurz oder indischer Safran genannt. Die Pflanze stammt aus Indien bzw. aus Südostasien und wird bevorzugt unter anderem zur Entgiftung des Körpers im Rahmen von Detoxkuren verwendet. Der wichtigste Inhaltsstoff der Kurkumapflanze ist das Curcumin. Es wirkt entzündungshemmend und leitet Schwermetalle aus dem Körper aus. Empfehlenswert ist der Verzehr zusammen mit etwas Pfeffer, um die Bioverfügbarkeit zu verbessern. Sei aber sehr vorsichtig bei der Zubereitung, denn Gelbwurz färbt stark. Am besten verwendest du Handschuhe und keine Materialien wie z. B. Holz und Plastik, aus denen sich die Farbe kaum wieder entfernen lässt.

Cystustee Last but not least möchte ich dir Zistrosetee ans Herz legen. Das beliebte Zistrosengewächs aus dem Mittelmeerraum wirkt antibakteriell und antiviral und wurde schon von den alten Griechen zur Behandlung von Krankheiten verwendet. Zistrosetee ist der mir bekannteste Erkältungstee, dessen Wirkung unter anderem auf seinem hohen Polyphenolgehalt beruht. Für Badenixen wird der Zistrosetee auch als Badezusatz angeboten. Viren und Bakterien haben somit also wirklich ein sehr schweres Spiel.

Brainbooster für mehr Gelassenheit und Stressresistenz

Es gibt tolle Lebensmittel, die unsere Entgiftungsorgane und unser Immunsystem unterstützen. Genauso gibt es hervorragende Lebensmittel, die sich besonders eignen, um unsere Leistungsfähigkeit zu fördern: sogenanntes Brainfood. Die Inhaltstoffe unterstützen speziell unsere Denkleistung und wenn dein Gehirn mit diesen Nährstoffen versorgt ist, kann es besonders gut arbeiten. Und genau darum geht es ja auch bei »Basisch im Büro«. Durch natürliche Brainbooster kannst du ganz ohne Zuckerzusatz und fragwürdige Zusatzstoffe gute Erfolge erzielen, gerätst aber nicht in den Teufelskreis eines kurzfristigen Leistungshochs und später eines katastrophalen Leistungstiefs.

Für eine Topversorgung deines Gehirns und besonders für deine Denkleistung sind in erster Linie wichtig:

- Wasser
- Kohlenhydrate (Glucose)
- Fette (besonders Omega-3-Fettsäuren)
- Vitamine (besonders B-Vitamine wie B_1, B_6, B_{12} und auch Vitamin C)
- Proteine und Spurenelemente (besonders Eisen, Magnesium, Zink und Jod).

Mit der basischen Ernährung hast du hierfür natürlich bereits eine hervorragende Basis. Hier einige Brainbooster, die genau die Nährstoffe enthalten, die dein Gehirn benötigt.

Nüsse

Nüsse zählen zu den ältesten Lebensmitteln der Menschheit und eignen sich besonders gut als Brainfood. Warum? Nüsse liefern dir nicht nur Eiweiß, sondern auch die wichtigen ungesättigten Fettsäuren wie Omega-3-Fettsäuren, die unser Gehirn besonders braucht. Die Omega-3-Fettsäuren sind nämlich Bestandteil der Zellmembran unserer Gehirnzellen und für ihre Stabilisation notwendig. Sie unterstützen die Signalweiterleitung und damit auch die Leistungsfähigkeit deines Gehirns.

Nicht zu vergessen die enthaltenen B-Vitamine, die sich hervorragend bei der Vorbeugung gegen Konzentrationsstörungen bewährt haben. Besonders geeignet sind Haselnüsse und Walnüsse für den kleinen Snack im Büro. Haselnüsse sind besonders reich an den Nervenvitaminen B_1, B_6, Pantothensäure und Folsäure. Die Walnuss ähnelt äußerlich unserem Gehirn und wurde schon von den alten Germanen als Mittel gegen Kopfschmerzen geschätzt. Walnüsse enthalten nicht nur viel Kalium, sondern auch die für unsere Gehirnzellen wichtigen Omega-3-Fettsäuren.

Sämtliche Nüsse, also auch Mandeln, Cashews, Macadamia oder Paranüsse eignen sich wunderbar, um daraus einen Nussdrink (Seite 131) herzustellen. Neben einem Nussbeutel kannst du dafür auch ein sehr feines Sieb benutzen, das allerdings etwas komplizierter zu handhaben ist. Die Nussreste sind ein tolles Topping für dein Müsli oder auch als ergänzende Zutat für Brotteig oder einen Smoothie gut zu verwenden. Um den Geschmack anzupassen, gib einfach etwas Vanillepulver, Zimt oder Trockenfrüchte beim Mixen hinzu. Die fertige Flüssigkeit kannst du in eine Glasflasche abfüllen und im Kühlschrank lagern. Innerhalb von zwei Tagen sollte der Drink verbraucht werden.

Grüne Mandeln Du fragst dich, was grüne Mandeln sein sollen? Pistazien werden auch grüne Mandeln genannt. Sie werden nur alle zwei Jahre reif, weswegen du sie auch nur zu einem entsprechend hohen Preis findest. Pistazien im grünen Rohzustand sind gesünder als die gesalzenen bzw. gerösteten und enthalten viel Kalium, Magnesium und Eisen.

Paranüsse Wusstest du, dass Paranüsse zu den Wildfrüchten gehören, die nicht kultiviert werden können? Sie weisen mit 71 % den höchsten Fettgehalt auf (neben der Macadamianuss), sind dazu sehr reich an Ballaststoffen und ein ganz toller Magnesiumlieferant.

Mandeln Ich liebe den Geschmack von Mandeln und nur ein paar Mandeln nebenher geknabbert sättigen mich und lassen meinen Süßhunger sich in Luft auflösen. Neben Eisen, Kalzium und Vitamin B_1 enthalten Mandeln unter anderem auch einiges an Kalium, Phosphor, Magnesium und Vitamin B_2.

Beeren

Naschen wir im Sommer ein paar leckere Beeren, tun wir ganz nebenbei etwas für unser Gehirn! Forscher haben herausgefunden, dass die Inhaltsstoffe von Beeren das Risiko von Krankheiten wie Demenz und Alzheimer senken können. Immer mal ein paar Beeren nebenher essen, schmeckt also nicht nur gut, sondern kann auch für ein gutes Gedächtnis im Alter vorsorgen. Welche Beeren eignen sich besonders gut als Brainfood?

Brombeeren Die leckeren Brombeeren findest du von Juli bis September in Gärten, lichten Wäldern, am Waldrand und natürlich im Supermarkt. Brombeeren enthalten viele der so wichtigen Antioxidantien und eignen sich daher optimal als Brainfood.

Erdbeeren Ende Mai ist es endlich so weit: Die roten süßen Erdbeeren sind – bis Juli/August – wieder auf dem Markt. Sie zählen definitiv zu den Brainfoods. Ganz nebenbei sind Erdbeeren ein perfekter Vitamin-C-Lieferant. Bereits 100 g sollen fast 60 % des Tagesbedarfs an diesem Vitamin decken. Einfach in dein basisches Müsli geben oder in einem veganen Joghurt ergänzen, und schon hast du eine tolle Nervennahrung.

Heidelbeeren Viele von uns kennen leider nur die Heidelbeeren aus dem Supermarkt, die Kulturheidelbeeren, die sich von den wilden Heidelbeeren unterscheiden. Die wilden Heidelbeeren sind besonders reich an dem sekundären Pflanzenstoff Anthocyane, der unter anderem gegen freie Radikale wirkt. Die Heidelbeeren also am besten selbst frisch pflücken, sofern du die Möglichkeit hast.

Großfruchtige Moosbeere Kennst du die großfruchtige Moosbeere? Ganz sicher, denn hier handelt es sich um die Kranichbeere, auch als Cranberry bekannt. Sie eignet sich ebenfalls wegen des hohen Gehalts an Antioxidantien hervorragend als Brainfood.

Wie du siehst, einige Nüsse und Beeren eignen sich besonders gut als Quelle für dein Brainfood. Als Snack, im Müsli oder Joghurt kannst du sie ideal in deinen Büroalltag integrieren. Eine weitere Variante ist die Verarbeitung in einem leckeren Brainfood-Smoothie.

Getränke

Einer der wichtigsten Brainbooster ist übrigens Wasser. Wusstest du, dass dein Körper schon unter normalen Bedingungen täglich 2,4 Liter Wasser durch Schwitzen, Atmung und Ausscheidung verliert? Untersuchungen zeigen, dass sich bereits ein Flüssigkeitsmangel von 1,5 Prozent negativ auf Konzentration und Lernfähigkeit auswirken kann. Wenn du manchmal im Büro Kopfschmerzen hast, kann dies ebenfalls sehr gut auf zu wenig Wassertrinken zurückzuführen sein. Daher, öfter mal hoch die Tassen! Oder die Gläser ;-)

Besonders geeignet fürs Büro sind:
- Wasser (still)
- Kräutertees
- Gärgetränke aus Brot
- Kurkuma Latte
- selbst gemachter Eistee
- Smoothies
- frische grüne Säfte

Gärgetränke aus Brot kannst du übrigens auch ganz toll äußerlich anwenden. Einfach deinem Badewasser zugeben (bitte keine weiteren Produkte) oder bei Hautproblemen die betroffenen Stellen abtupfen.

Nicht geeignet fürs Büro sind:
- pure Obstsäfte im Übermaß
- Nektare
- Limonaden
- Soft- und Wellnessgetränke oder (fertige) Eistees
- koffeinhaltige Getränke wie Kaffee
- Schwarztee
- Cola und Energydrinks

Diese Getränke enthalten entweder zu viel Zucker oder sie regen lediglich kurzfristig den Stoffwechsel an und fördern das Schwitzen.

» *Um deinen Wasserbedarf nicht nur mit Wasser zu decken, kannst du auch zu wasserreichen Lebensmitteln greifen. Melone, Beerenobst, Weintrauben, Gurke und Tomate wirken nicht nur durstlöschend, sondern liefern dir tolle Vitamine und Mineralstoffe.* «

Brainfood-Smoothie Wähl dir einfach die Beeren und Nüsse, die du von den Brainfoods am liebsten magst, und misch sie zusammen mit etwas Spinat oder anderen grünen Lebensmitteln und etwas Wasser zu einer Mineralstoffbombe für dein Gehirn. Vielleicht noch ein paar Äpfel, Bananen, Birnen oder Orangen dazu, fertig. Als Flüssigkeit kannst du auch mal Tee, Kokoswasser oder ein wenig pflanzliche Drinks wählen.

Der Einstieg

Nimm dir nach dem Einkaufen immer gleich die Zeit, einige der frischen Zutaten zu waschen, abzutrocknen und zu schneiden. Verstaue sie in kleinen Behältern, sodass du immer eine gewisse Ration »to take away« hast, ob für einen Smoothie oder mal eben zum Knabbern. Wenn du kleine Behälter mit Gemüsesticks und leckeren Dips hast, ist es einfacher, beim kleinen Hunger einfach mal zuzugreifen, anstatt schnell etwas Ungesundes zu bestellen und zu essen. Dies ist nämlich meistens nur der Fall, wenn wir

Quickcheck: Basenboostertag im Büro

Wie kannst du die Basenbooster und das Brainfood verstärkt in deinen Tag einbauen? Wie wäre es mal mit einem ganzen Boostertag? Bei mir sieht er folgendermaßen aus:

- morgens: Gerstengrassaft oder frisch gepresster Bioselleriesaft
- mittags: Wildkräutersalat und Kartoffeln
- zwischendurch: Cracker mit Dip und einen Ingwershot
- nachmittags: Chiasamenpudding mit Banane
- über den Tag verteilt: Ingwerwasser mit Kurkuma
- als Snack: Walnüsse oder Mandeln

nichts Gesundes im Haus haben oder es zu lange dauert, die gesunden Mahlzeiten vorzubereiten, bzw. der Heißhunger größer ist als die Geduld, mal eben einen leckeren Dip herzustellen. Nichtsdestotrotz halten die selbst gemachten Saucen nur wenige Tage. Daher besser nur für 1 bis 2 Tage vorbereiten und einmal öfter in der Küche stehen.

Auszug aus meinen frischen Basics

Obst:

- Äpfel
- Birnen
- Heidelbeeren
- Banane
- Granatapfel
- Mango
- Orange
- Zitrone

Frisches Obst in Form eines Obstsalats ist im Sommer immer eine der besten basischen Möglichkeiten, in seinen Tag zu starten. Obstsalat lässt sich lecker mit Apfel-, Cashew- oder Mandelmus verfeinern, mit ein paar Kokosflocken bestreuen und durch etwas Gewürze ergänzen. Fertig ist dein Frühstück. Das Obst kannst du am Vorabend bereits waschen und dann am Morgen nur noch schnell klein schneiden und in einem Behälter mit den weiteren Zutaten verstauen. Damit das Obst nicht braun wird, gib einfach etwas Zitronensaft darüber. Als Topping für deinen Obstsalat bieten sich unter anderem an: Kokosraspel, Sonnenblumenkerne, (rohe) Kakaonibs, Erdmandelflocken, unterschiedliche Mussorten wie Erdnussmus, Kokosmus oder Cashewmus. Die Toppings bekommst du im Reformhaus oder du stellst dir dein Topping einfach selbst her.

Gemüse, Salate, Pilze, Kartoffeln und Sprossen:

- Aubergine
- Blumenkohl
- Brokkoli
- Buttersalat
- Champignons
- Cherrytomaten
- Chinakohl
- Edamame
- Eisbergsalat
- Frühlingszwiebel
- Ingwerknolle
- Karotte
- Kartoffeln
- Knollensellerie
- Mungobohnensprossen
- Paprika
- Pastinake
- Römersalat
- Rucola
- Salatgurke
- Sojasprossen
- Spinat
- Süßkartoffel
- Tomaten
- Topinambur
- Zucchini
- Zwiebel

Stocke deine Vorräte auf

Wenn du frische Zutaten zweimal die Woche einkaufst, deck dich am Anfang des Monats mit Zutaten ein, die länger haltbar sind. Nüsse, Samen und glutenfreie Pflanzen können gut auf Vorrat eingekauft werden und sind vielfältig einsetzbar. Somit hast du, wenn die frischen Zutaten mal aus sein sollten, noch die Möglichkeit, dir trotzdem etwas Gesundes zuzubereiten.

Blick in meinen Vorratsschrank

Kochen und dünsten:

- Buchweizen
- Haferflocken (Vollkorn oder glutenfrei)
- Hirse, Quinoa, Amaranth
- Nudeln (Linsen, Buchweizen)
- Hülsenfrüchte (Kichererbsen, Linsen, Bohnen)
- Nüsse, Samen (Chiasamen, Leinsamen)
- Tahini (Sesampaste)
- Nussmus (z. B. Erdnuss, Haselnuss oder Mandel)
- Pflanzendrink
- Öle und Fette (z. B. Olivenöl, Ghee)

Süßen, würzen, backen:

- Trockenfrüchte
- Salz und Pfeffer
- Gemüsebrühe
- Paprika-, Curry- und Kurkumapulver, Kreuzkümmel, Chili
- getrocknete Kräuter (Thymian, Rosmarin)
- Zimt, Vanille
- Weinsteinbackpulver

Cracker fürs Büro

1 – 2 Personen
Zubereitung 5 Min., Backzeit 30–40 Min.

20 g Leinsamen • 40 g Sesam • 50 g Sonnenblumenkerne • 30 g Kürbiskerne • ½ TL Kräutersalz • 1 Prise Pfeffer • 1 TL Paprikapulver • 50–100 ml Wasser • 10 g Flohsamenschalen

- Backofen auf 170 Grad vorheizen und ein Backblech mit Backpapier auslegen.

- Leinsamen in eine Schüssel mit etwas Wasser geben und verrühren. Die anderen Saaten sowie die Gewürze hinzugeben und alles vermischen.

- Am Schluss Flohsamenschalen und weiteres Wasser nach und nach hinzugeben, bis eine streichfähige feste Masse entsteht. Die Mischung dünn auf dem mit Backpapier ausgelegten Backblech gleichmäßig verteilen und 25–30 Min. im Ofen backen.

- Nach 30 Min. die halb garen Cracker in kleine Stücke zerteilen und vorsichtig wenden. Danach nochmals 5–10 Min. bei Umluft auf 160 Grad backen.

- Wenn die Cracker noch nicht knusprig genug sind, sie für weitere 5–10 Min. in den Ofen schieben. Am Schluss abkühlen lassen.

Das passt dazu: Sesamdip (Seite 135); lecker zum Knabbern bei der Arbeit.

Keep it simple

Koch zunächst die Lebensmittel, die etwas mehr Zeit in Anspruch nehmen (z.B. Quinoa). Welches Gemüse benötigt gleich viel Zeit und du kannst es parallel kochen? Während die Quinoa kocht, kannst du beispielsweise Süßkartoffeln im Ofen zubereiten, nebenbei Gemüse schnippeln und dir eine Kanne Ingwertee für den nächsten Tag vorbereiten. Beginne mit einfachen Rezepten. Wenn du dir z.B. zunächst einen leckeren Hummusdip zubereitest, nimm ihn mit zur Arbeit, schnipple dir dort deine Gemüsestangen und probiere erst mal einen gesunden Snack.

Post-it Notiere bei deinen Dips und Vorbereitungen auf einem kleinen Post-it auf deinem Behälter, wann du sie zubereitet hast. So weißt du, ob es vielleicht mittlerweile Zeit ist, die Lebensmittel zu essen, bevor sie verderben. Es ist immer praktisch, Dips griffbereit zu haben, aber die selbst gemachten Saucen halten nur wenige Tage. Daher die Lebensmittel besser nur für 1 bis 2 Tage vorbereiten und einmal öfter in der Küche stehen.

Cool down Kategorisiere die Nahrungsmittel nicht in »gut« und »schlecht«, auch wenn es sogenannte schlechte (ungesunde) Säurebildner gibt. Dies führt nur zu einem schlechten Gewissen und damit zu Stress, wenn du mal außer Plan isst. Entspann dich, wenn du eine Ausnahme machen musstest, und folge weiter deinem Plan.

Es ist okay, wenn die Umstellung etwas länger dauert, denn nur so gewöhnen wir uns an die neuen Speisen und ändern unsere Ernährung nicht im Hauruckverfahren (was meistens nur kurzfristig funktioniert). Aber ein paar Minuten Gemüse waschen und in die Pfanne geben oder am Vorabend und an den Wochenenden vorkochen – das sollte möglich sein.

Zum Kochen auf Vorrat

Was genau eignet sich denn in der basischen Ernährung gut zum Vorbereiten? Hier der Überblick:

- glutenfreie Pflanzen
- Süßkartoffeln
- Kartoffeln
- Wraps
- Nudeln
- Dips
- Suppen
- selbst gemachte Snacks (aus Mandeln, Walnüssen, Pekannüsse, Kokosraspeln)
- Zutaten für Obstsalate
- Gemüsesticks
- Dressings
- Brote

Glutenfreie Pflanzen Diese Pflanzen oder auch Hülsenfrüchte eignen sich perfekt für Vorratshaltung, du kannst sie für ca. 2 Tage vorkochen. Das macht wenig

Arbeit, spart aber enorm Zeit, sie schmecken und enthalten übrigens eine gute Portion Proteine, die lange satt halten. Mit den vorbereiteten Zutaten kannst du jederzeit deine frischen Speisen ergänzen. So machst du z. B. Salate und Suppen gehaltvoller und ersparst dir in der Woche Mehraufwand. Mittags gibst du einfach frisches Gemüse, unterschiedliche Gewürze und leckere Saucen (z. B. Kokosmilch mit Curry) zu Quinoa und Hirse. Abends kannst du dir auch noch eine Gemüsepfanne zubereiten und entsprechend mit Quinoa und Hirse abwechselnd kombinieren.

Wraps und Bratlinge Wraps oder Bratlinge sind unkomplizierte Speisen für mittags oder zwischendurch. Sie lassen sich leicht transportieren und eignen sich auch als kleines Fingerfood, ganz ohne Besteck, kalt oder warm in einem Thermobehälter. Bratlinge oder Gemüseballchen schmecken auch wunderbar auf Vorrat zubereitet und sind in den folgenden Tagen noch genießbar. Wenn du magst, frier sie auch ruhig ein und wärm sie später bei Bedarf wieder auf.

Suppen Suppen »to go« sind besonders in der kalten Jahreszeit ein wärmender, gesunder Stimmungsaufheller. Wenn du im Büro keine Möglichkeit zum Aufwärmen hast, kannst du auch hier wieder zu einem Thermobehälter greifen. Mit frischen Gemüsesorten wird die Suppe dann direkt vor dem Verzehr noch etwas aufgepeppt. Ob spicy, cremig oder deftig wenn du gleich größere Mengen kochst, hast du für 2 bis 3 Tage etwas zum Aufwärmen. Praktisch ist es auch, Suppen portionsweise einzufrieren.

Was sollte besser frisch am Morgen zubereitet werden?

- Smoothies solltest du am besten frisch trinken (sofort bzw. innerhalb einiger Stunden). Natürlich ist das nicht immer möglich, aber du könntest dein Mixgetränk am Abend vorbereiten und bis zum nächsten Morgen im Kühlschrank aufbewahren. Das Getränk wird sicherlich einiges an Nährstoffen verlieren und wahrscheinlich auch nicht mehr so schön aussehen, aber vom Geschmack her noch trinkbar sein. Viele Frühaufsteher, die ich kenne, kommen mit diesem Kompromiss klar.
- Gemüse kannst du auch am Abend vorschnippeln und in Form kleiner Rationen als Snack im Kühlschrank lagern. Optimal ist es natürlich, Gemüse immer erst kurz vor dem Verzehr zu waschen und zu schneiden, aber hier darf jeder selbst entscheiden. Die gilt ebenso für Obst, das ein basisches Müsli ergänzt.

Gemüse Was spricht dagegen, die Gemüsepfanne kalt unterwegs zu genießen? Gemüsevariationen sind eine ganz einfache und leckere basische Möglichkeit für unterwegs. Du kannst sie nicht nur mit unterschiedlichen Lebensmitteln und Gewürzen immer wieder unterschiedlich zubereiten, sondern auch auf Reisen und im Büro essen. Die Gemüsepfannen schmecken auch abgekühlt, quasi als Gemüsesalat. Bei Bedarf hält dir ein entsprechender Thermobehälter dein Gericht warm. Eine weitere Alternative wäre, dir eine größere Menge vorzubereiten, direkt nach dem Abkühlen in Behälter zu geben und kalt zu stellen oder einzufrieren. Die Gemüsepfannen können zusätzlich gehaltvoller gestaltet werden, indem du leckere Hülsenfrüchte wie Kichererbsen oder auch glutenfreie Pflanzen wie Hirse hinzugibst.

Nudeln und Kartoffeln Beide lassen sich vorgekocht gut im Kühlschrank lagern. Restliche Nudeln können auch prima eingefroren werden und später als Beilage eine Suppe oder ein Pfannengemüse ergänzen.

Brot Natürlich darf auch eine ganz normale (basische) »Stulle« nicht fehlen: selbst gebackenes Brot mit Gemüse (Gurken, Tomate, Kresse) und einem veganen Aufstrich in einer Brotbox.

Snacks Praktisch zum Vorbereiten sind immer leckere Energiekugeln oder selbst gemachtes »Studentenfutter« (Nüsse mit Trockenfrüchten). Beides ist schnell vorbereitet und gut in einer kleinen Lunchbox oder in einem Marmeladenglas zu transportieren. Basenüberschüssige Kekse aus Haferflocken oder saftige Brownies dürfen durchaus auch mal auf der Tagesordnung stehen. Dose auf, zugreifen, genießen.

Tipps und Hinweise zur basischen Küche

Hier noch ein paar kleine Anmerkungen zu Lebensmitteln, Küchenhelfern und Bezeichnungen sowie Tipps für die basische Küche und Rezepte in diesem Buch:

Lebensmittel für die basische Ernährung
Du bekommst sie vorwiegend in der Gemüse- und Obstabteilung in deinem Supermarkt, Biomarkt oder auf dem Wochenmarkt. Gewürze und weitere Zutaten sind im Drogeriemarkt (z. B. glutenfreie Pflanzen) und auch im Bioladen (z. B. Mussorten, Öle) erhältlich.

Ausrüstung zum Zubereiten Neben herkömmlichen Pfannen und Töpfen bieten sich ein Hochleistungsmixer oder eine entsprechende Küchenmaschine, ein Pürierstab sowie ein Spiralschneider und eine Raspel an. Besonders bei der Zubereitung von Obst und Gemüse lohnt sich vielleicht auch ein Zerkleinerer. Hier gibt es kleine Modelle oder auch tolle größere Küchenmaschinen, die dir die gesamte Schneidearbeit abnehmen. Mit verschiedenen Messereinsätzen können die Maschinen raspeln, die Zutaten zu Teig verarbeiten und vieles mehr. Entsprechend variieren auch die Preise. Ebenfalls eine Überlegung wert wäre vielleicht ein Schnellkochtopf. Er lohnt sich vor allem bei Hülsenfrüchten, die in einem normalen Kochtopf relativ lange garen müssen.

Austauschen und ausprobieren Die Geschmäcker sind verschieden und daher sind Rezepte grundsätzlich nicht in Stein gemeißelt. Nimm Zutaten immer als Anregung, tausche und probiere mit basischen Lebensmitteln aus, bis du deine eigenen Lieblingsrezepte gefunden hast. Dir vielleicht unbekannte Zutaten (wie z. B. Chiasamen) können durch vertraute Lebensmittel ersetzt werden (hier z. B. Leinsamen). Die einen möchten gern regionale, die anderen lieber neue Zutaten probieren. Daher ersetz die Produkte nach Belieben und bleib experimentierfreudig.

Einweichen Hülsenfrüchte sollten vor der Verarbeitung eingeweicht werden. Viele Pflanzen enthalten sogenannte Antinährstoffe, wie Phytinsäure und Lektine. Diese Stoffe können den Körper daran hindern, Mineralstoffe aufzunehmen. Beim Einweichen sollen sie jedoch abgebaut werden. Nimmst du jedoch z. B. Nüsse lediglich in geringen Mengen uneingeweicht zu dir, wird das dein Wohlbefinden bestimmt nicht beeinträchtigen. Wenn du aber Hülsenfrüchte und Nüsse öfter verarbeitest, ist es von Vorteil, sich einmal mit den Einweichzeiten zu befassen. Du gibst dazu die Lebensmittel einfach in eine Schüssel mit Wasser (doppeltes Volumen). Am besten bei Zimmertemperatur stehen lassen, danach das Wasser wegschütten und die Lebensmittel gründlich abspülen:

- Hülsenfrüchte: 12 Stunden
- Macadamianüsse: 4 Stunden
- Paranüsse/Walnüsse: 6 Stunden
- Cashews: 4–6 Stunden
- Haselnüsse/Mandeln/Pekannüsse/ Sonnenblumenkerne: 8 Stunden
- Kürbiskerne: 12 Stunden
- Buchweizen: 6–8 Stunden

Alternativen zu tierischer Milch Sie werden als pflanzliche Drinks bezeichnet. »Milch« nennt man nur tierische und Kokosmilch. In diesem Buch findest du hauptsächlich Mandeldrink und Kokosmilch als Alternative zu herkömmlicher Milch. Kokosmilch eignet sich besonders für Currys und Suppen. Meide Dosen und wähle Produkte, die ausschließlich Kokosnuss und Wasser enthalten. In vielen Sorten stecken leider auch chemische Verdickungs- oder Konservierungsmittel. Natürlich kannst du auch andere Sorten wählen wie Cashewdrink oder Haselnussdrink, ganz nach deinem Geschmack. Die pflanzlichen Alternativen sind schnell selbst hergestellt (Seite 131) und halten sich ca. 3 bis 5 Tage im Kühlschrank, wenn du das verwendete Wasser vorher abkochst und abkühlen lässt.

Einweichen und Kochen am Beispiel Kichererbsen

Werden Hülsenfrüchte, z. B. Kichererbsen, vorher eingeweicht, werden sie nicht nur leichter verdaulich, sondern auch schneller gar.
Die Kichererbsen sollten mindestens über Nacht – besser 24 Stunden – eingeweicht werden (evtl. Einweichwasser nach ca. 8 Stunden wechseln). Die Kochzeit beträgt zwischen 40 Minuten und einer Stunde. Die Kochzeit variiert und hängt unter anderem vom Alter der Kichererbsen ab. Das Einweichwasser danach abgießen und die Kichererbsen noch mal abspülen. Dass die Kichererbsen gar sind, erkennst du daran, dass du sie mit einem Messer einstechen kannst. Danach gibst du die Kichererbsen durch ein Sieb und spülst sie mit frischem Wasser ab. Du kannst Kichererbsen immer in größeren Mengen vorkochen und einen Teil einfrieren und nach Bedarf entnehmen.
Kichererbsen gibt es natürlich auch küchenfertig im Glas. Die vorgekochte Variante ist die einfachere Möglichkeit, die Kichererbsen sofort weiterzuverarbeiten. Hier wähle die Option im Glas mit möglichst wenig Zusatzstoffen und in Bioqualität.

Apfelessig Wenn du für deine basenreiche Küche Apfelessig kaufst, achte auf Bioqualität und darauf, dass der Essig kalt gepresst und aus ganzen Äpfeln hergestellt wurde. Oder nimm frischen Zitronensaft.

Gemüsebrühe (Seite 134) Sie eignet sich sehr gut als Basis für Saucen und Suppen und ist ganz leicht selbst gemacht. Falls du dies nicht möchtest, achte darauf, dass keine ungesunden Zusatzstoffe wie Mononatriumglutamat oder Hefeextrakt als Geschmacksverstärker enthalten sind. Auch Gemüsebrühepulver (Seite 134) ist schnell hergestellt.

Haferflocken Oft stellt sich hier die Frage, ob sie zu einer basischen Ernährung gehören. Da sie zu den gesunden Säurebildnern zählen und kein Gluten enthalten, sind sie in eine basenüberschüssige Ernährung integrierbar. Die konventionellen Produkte sind jedoch möglicherweise durch Weizenrückstände aus der Mühle verunreinigt. Du kannst auch glutenfreie Haferflocken verwenden, die du im Reformhaus, im Bioladen oder auch online findest.

Gekeimtes Getreide Es zählt zu den Basenbildnern. Beim Keimen werden Samen oder Getreideflocken über 2 bis

3 Tage feucht gehalten, bis der kleine Spross aus dem Korn herauskommt. Viele Vitamine und Enzyme werden erst während des Keimvorgangs gebildet. Gekeimte Flocken bekommst du im Reformhaus, sie sind auch leicht selbst herzustellen.

Dips und Toppings Hier gibt es eine große Auswahl an Nussmus (Seite 135). Die Produkte kannst du im Glas kaufen oder selbst herstellen, indem du die Nüsse deiner Wahl in einem Mixer pürierst. Bei gekauftem Mus achte darauf, dass lediglich Nüsse (und vielleicht noch Meersalz) als Zutaten enthalten sind.

Kokosöl Es eignet sich zum Backen, Rösten, Braten und Dünsten oder du greifst zu ökologischeren Varianten, wie unter anderem Ghee (Butterschmalz), Sonnenblumenöl oder Olivenöl.

Gewürzen Hier empfiehlt es sich, die Gerichte in diesem Buch nach eigenem Gusto abzuschmecken. Es können frische wie auch getrocknete Kräuter verwendet werden. Bei Salz ist es ratsam, auf Steinsalz zurückzugreifen (Meersalz könnte durch Plastikpartikel belastet sein).

Süßungsmittel In den Rezepten werden Dicksäfte (Agaven-, Apfel- oder Birnendicksaft), Xylit (Birkenzucker), Honig oder Kokosblütenzucker verwendet, die in der basenüberschüssigen Ernährung gern als gesündere Alternative zu Industriezucker (ungesunder Säurebildner) eingesetzt werden. Industriezucker sollte in der basischen Ernährung gar nicht verwendet und in Maßen durch die genannten Alternativen ersetzt werden.

Medjool-Datteln Sie sind weicher als normale trockene Datteln und leichter zu verarbeiten. Andere trockene Datteln sollten vorher 10 bis 15 Minuten lang in (warmem) Wasser eingeweicht werden. Datteln müssen nicht entsteint gekauft werden, du kannst den Stein auch selbst entfernen.

Tahini Diese Paste aus Sesam verwende ich in einigen Rezepten. Du kannst sie selbst herstellen, indem du geröstete Sesamkörner in einem Mixer zu einer Paste (Seite 135) pürierst. Wenn du Tahini im Glas kaufst, achte darauf, dass Sesam als einzige Zutat aufgelistet ist. Es gibt helles (geschälte Sesamkörner) und dunkles Tahini (ungeschälte). Letzteres ist herber im Geschmack, enthält jedoch mehr Nährstoffe. Zur Herstellung von Hummus wird eher weißes Tahini verwendet. Wenn dir der Geschmack zu bitter ist, verwende Tahini etwas sparsamer oder ersetze es z. B. durch anderes Nussmus, wie Erdnuss- oder Mandelmus.

Zeit- und Prioritätenprobleme

Wenn wir uns basisch ernähren wollen, bedeutet dies, dass wir uns überwiegend frisch ernähren. Zwangsläufig müssen wir dadurch eher einmal öfter als weniger einkaufen. Bist du dazu bereit?

Am Anfang sind wir noch hochmotiviert, doch dann verlässt uns oft der Enthusiasmus, bevor unsere neuen gesunden Vorhaben zu einer Gewohnheit geworden sind, und wir verlieren den Faden oder es wird zu unbequem, die Mahlzeiten vorzubereiten. Es gibt aber auch genügend Menschen, die wahrscheinlich reichlich Zeit haben, sich aber trotzdem nicht gesund ernähren. Zeit ist also vielleicht nicht unbedingt das Problem, sondern eventuell eher das Setzen von Prioritäten. Gehe ich direkt ins Bett oder bereite ich eben noch einen Ingwertee für morgen vor? Stehe ich etwas früher auf, um schnell noch ein paar Zutaten zusammenzupacken, oder schlafe ich lieber länger? Es gibt sicherlich einen Mittelweg, seine Mahlzeiten und seinen Tagesablauf zu planen, sodass die Ernährung nicht oder zumindest weniger leidet.

Auch lohnt es sich, sich mal bei seinen eigenen Selbstgesprächen zu belauschen. Meistens hören sie sich eher an wie »Jetzt lohnt es sich auch nicht mehr, etwas für morgen vorzubereiten«, »Ich habe nicht alle Zutaten da oder morgen ist sowieso ein stressiger Tag, da esse ich lieber irgendwas zwischendurch.« Die wenigsten sagen sich: »Ich finde immer genug Zeit für gesunde Vorbereitungen.« Denn allzu oft kommt alles andere zuerst, der Haushalt, die Arbeit oder, oder, oder. Dann erst kommen wir selbst.

Natürlich müssen wir uns meistens zunächst ein wenig neu organisieren. Aber wer will, findet Wege, wer nicht will, findet Ausreden.

Die Basis für einen gesunden Lifestyle ist dein Zuhause. Sind deine Schränke gefüllt mit konventionellen Nahrungsmitteln und gesunde Lebensmittel die Ausnahme, wird es schwierig, alte Gewohnheiten zu ändern. Bei vielen ist die Devise, entweder ganz umstellen oder gar nicht. Natürlich ist dies dir selbst überlassen, aber oftmals führt es auch dazu, dass wir diese radikale Umstellung nicht lange durchhalten. Daher ist eine Schritt-für-Schritt-Anpassung für viele empfehlenswerter. So können wir uns nach und nach an neue Lebensmittel und Rezepte gewöhnen. Wer jedoch gesundheitliche Probleme hat und langfristig nur halbherzig basisch isst, wird vielleicht keine deutlichen Verbesserungen erfahren. Allein unser Darm benötigt ca. ein halbes Jahr, um sich wieder zu regenerieren. Häufig heißt es dann: »Hilft ja doch nichts.« Daher muss individuell und nach Ausgangssituation entschieden werden, wie schnell und wie konsequent die Umstellung erfolgt.

Bei mir hat sich durch die basische Ernährung die Denkleistung verbessert und ich bin auch sehr viel stressresistenter geworden. Die Nährstoffe der basischen Lebensmittel stärken mich wortwörtlich, und das ganz besonders in herausfordernden Situationen, wenn mein Körper besonders viele Mineralien benötigt. Das Mittagstief gehört glücklicherweise der

Vergangenheit an und in der Früh muss ich mich auch nicht mehr aus dem Bett quälen, sondern bin ausgeruht und erholt. Ich wünsche dir, dass es dir ebenso geht und dass dir die basische Ernährung genauso viel Freude bereitet wie mir. Probiere es doch einfach mal aus!

Es hat sich der Mythos verbreitet, dass sich Gewohnheiten innerhalb von 21 Tagen ändern. Hier ist jedoch ein kleines Detail entscheidend. Es braucht mindestens – nicht genau – 21 Tage, um neue Gewohnheiten zu implementieren.

Wenn sich neue Verhaltensweisen nach drei Wochen also noch nicht vertraut anfühlen, bleib unbedingt am Ball. Genauso verhält es sich mit den Ergebnissen, gib deinem Körper genügend Zeit, sich zu erholen und zu regenerieren.

Transportbehälter fürs Büro

Du möchtest auch am Arbeitsplatz und auf Reisen fit bleiben und auf leckere und basische Ernährung setzen? Nur wie funktioniert dies in der Umsetzung?

Ich nehme ja gern mal die Reste vom Abendessen mit ins Büro oder bereite mir mein Essen extra am Vortag zu. Ob im Homeoffice oder vor Ort freue ich mich dann am nächsten Tag über den vorherigen Einsatz. Meine Vorräte bewahren mich außerdem vor Impulsgriffen nach Süßigkeiten. Um die Speisen zur Arbeit mitzunehmen, gibt es praktische Behälter, die das Leben etwas leichter machen.

Boxen in allen Variationen

Bevor du dir einen solchen Behälter kaufst, solltest du dir aber einige Fragen stellen, um dich später nicht zu ärgern, weil er deinen Bedürfnissen nicht entspricht. Wenn du abends sowieso warm isst, benötigst du vielleicht wirklich nur eine herkömmliche Brotdose und keine teure Bentobox. Auch kannst du besonders nachhaltig wählen und z. B. Material aus Bambus kaufen, das nicht unbedingt komplett auslaufsicher ist. Wenn du eher einheitliche Zutaten transportieren möchtest, spricht dies ebenfalls für eine herkömmliche Box ohne Trennwände. Bist du mehr mit Bus und Bahn unterwegs oder mit dem eigenen Auto, sodass du Glasbehälter bequem und sicher lagern kannst? So würde zudem das Schleppen über lange Distanzen entfallen. Isst du gern Suppe, solltest du besonders auf die Auslaufsicherheit des Behälters achten. Beim Thema Meal Prep stellt sich die Frage, ob du die Behälter vielleicht auch zum Einfrieren nutzen möchtest.

Sobald du dir selbst im Klaren darüber bist, was du brauchst, lass dir im Fachhandel eine entsprechende Dose zeigen, um nicht einen teuren Behälter zu kaufen, den du gar nicht brauchst.

Worauf solltest du beim Kauf einer Lunchbox achten?

- Ist die Lunchbox frei von BPA-Stoffen (Bisphenol A), wie nachhaltig ist das Material?
- Für wen ist die Lunchbox (Kinder, Erwachsene)?
- Wie viel Essen soll hineinpassen?
- Was möchtest du an Lebensmitteln mitnehmen (Konsistenz)?
- Handelt es sich eher um einheitliche oder um unterschiedliche Zutaten?
- Wie viel zusätzliches Gewicht darf der Behälter haben?
- Wie bruchsicher sollte der Behälter sein?
- Ist der Behälter spülmaschinenfest?
- Ist eine ausreichende Dichtung vorhanden (flüssige Lebensmittel)?
- Benötigst du einen Isoliereffekt?

Tupperdosen Sie sind wahrscheinlich der Klassiker, denn sie sind leicht und in allen Variationen zu haben. Der Nachteil ist jedoch, dass Schüsseln oder Dosen aus Kunststoff aus Erdöl hergestellt werden. Auch sind diese Behälter nicht sehr hitzebeständig und nicht alle Kunststoffe sind recycelbar. In der Kritik stehen zudem Inhaltsstoffe wie BPA, das bei der Herstellung des Kunststoffes Polycarbonat verwendet wird. Es macht Plastik härter und sorgt für eine erhöhte Haltbarkeit. Wärme kann jedoch das Freisetzen von BPA begünstigen, das von der Verpackung auf Lebensmittel übergehen kann. Es gibt viele andere Alternativen, was aber nicht bedeutet, dass du deine Dosen jetzt wegwerfen und unnötig Müll erzeugen sollst. Aber vielleicht kannst du beim nächsten Einkauf zu einer anderen Variante greifen. Hier bieten sich unter anderem Lunchboxen aus Edelstahl oder auch Glasbehälter an.

Behälter aus Edelstahl Der Vorteil bei Edelstahlbehältern ist, dass sie genauso stabil und auch fast so leicht sind wie Kunststoffboxen. Praktisch ist besonders, dass du bei einigen Modellen mehrere Metallbehälter übereinanderstellen und mit einem Tragegriff zusammenklemmen kannst. Hier sind auch die unteren Dosen oftmals mit einem Silikonring abgedichtet, sodass sich auch Flüssiges oder sehr flüssigkeitshaltige Gerichte wie etwa Zucchinirollen transportieren lassen. Die Behälter verfügen dazu noch über mehrere Abteilungen, in denen viele unterschiedliche Zutaten Platz haben. Du kannst somit deine vollständigen basischen Speisen inklusive Dessert in einem einzigen Behälter unterbringen, ohne dass sich die einzelnen Zutaten vermischen. Die Lebensmittel bleiben länger knackig und frisch. Natürlich sind die Dosen recycelbar. Und das Beste: In den Edelstahlbehältern kannst du deine basischen Leckereien auch einfrieren.

Mein Favorit für unterwegs ist eine Edelstahldose, die mehrere separate Bereiche zum Aufbewahren hat, inklusive Besteck. Also eine klassische Lunchbox mit optionaler Trennung von Zutaten. Dank des herausnehmbaren Einsatzes kann ich viele Lunchboxen als eine große Box oder mit mehreren Fächern nutzen. Hier transportiere ich meine basischen Speisen inklusive Dessert in einem einzigen Behälter, ohne dass sich die Zutaten vermischen.

Glasbehälter Verschließbare Glasfrischhaltedosen sind schadstofffrei und nachhaltig. Allerdings besteht hier der Deckel oftmals aus Kunststoff. Glasboxen haben natürlich den Nachteil, dass sie im Vergleich zu anderen Behältern schwer und zerbrechlich sind. Auch besteht keine Isoliermöglichkeit, sodass Speisen nicht für längere Zeit warm gehalten werden können. Für Salate z. B. sind sie aber sehr gut geeignet sowie generell für die Lagerung zu Hause. Glasbehälter sind lange haltbar, dicht, günstig und unkompliziert zu erhalten.

Bentobox Mit »Bentobox« ist mittlerweile oft einfach eine Brot- bzw. Lunchbox gemeint. Das Wort »Bento« stammt aus dem Japanischen. Es ist die Bezeichnung sowohl für die zu transportierenden Lebensmittel als auch für die Dose selbst, die durch kleine Wände in mehrere Abteilungen unterteilt ist. Bentoboxen sind im Gegensatz zu den herkömmlichen Dosen sowohl für warme als auch für kalte Speisen wie Salate und nicht nur für geschmierte Brote gedacht.

Viele der heutigen Lunchboxen haben angelehnt an diese Bentoboxen ebenfalls mehrere Fächer. Auch verfügen ihre Deckel über ein Dichtungsgummi, sodass die Box luftdicht und auslaufsicher ist. Für ein leckeres basisches Essen sind diese separaten Trennungen natürlich besonders praktisch.

Boxen aus anderen Materialien Es gibt noch Behälter aus Holz (von Nachteil bei der Reinigung) oder z. B. aus, die mit Silikonringen im Deckel und Gummiband dicht halten. Die Boxen aus Weizenstroh sind spülmaschinengeeignet, BPA-frei und oft auch inklusive Besteck und Tasche erhältlich. Flüssige Zutaten wie Saucen sollten aber dennoch besser getrennt transportiert werden.

Chia-Bananen-Apfel Snack

1 Person
Zubereitung 15 Min.

2 EL Chiasamen • 150 ml Wasser (oder wahlweise ein pflanzlicher Drink) • 1 Banane • 1 Apfel • 1 Prise Zimt (oder optional Vanillepulver)

- Chiasamen in einer kleinen Schüssel mit der Flüssigkeit vermischen und 5–10 Minuten quellen lassen.

- Banane schälen und in Scheiben schneiden. Apfel waschen und in kleine Scheiben schneiden.

- Nachdem die Chiasamen im Wasser gequollen sind, einmal kräftig vermischen und mit Bananen- und Apfelscheiben belegen.

»Deine mit Fächern getrennte Lunchbox kannst du auch zu einer Snackbox umfunktionieren. Nicht nur Cracker kannst du toll in Saucen wie Hummus dippen, sondern auch leckere Gemüsesticks. Dazu einfach Gemüse wie Karotten, Kohlrabi oder Gurken in Stifte schnippeln und entweder pur knabbern oder mit Sauce genießen. Zusätzlich passen ebenfalls Trockenobst, Nüsse, Edamame, Erbsen, Cherrytomaten, Oliven, Samen oder Kerne für einen kleinen Knabbersnack in die getrennten Fächer. Auch geröstete Kichererbsen oder Mandeln sind leckere Knabbereien.«

Lunch im Schraubglas Lunch im Glas klingt zunächst vielleicht merkwürdig, ist aber tatsächlich eine praktische Sache. Egal ob Salat, Müsli oder Suppe, die Zutaten kommen einfach in ein Schraub- oder Einweckglas und werden mit zur Arbeit genommen. Vielleicht hast du ja noch ein paar Marmelade- oder Senfgläser zu Hause? Du kannst auch leere Kichererbsengläser auswaschen und zum Transport zweckentfremden. Die Schraubgläser sind zwar nicht ganz so stabil und bruchsicher wie gewöhnliche Frischhaltedosen, für den Weg zur Arbeit jedoch eine gute Alternative.

Je nach Verwendung der Gläser solltest du auf den Verschluss achten und eher ein Glas mit Drehverschluss oder ein Twist-off-Glas wählen. Schraubgläser haben ein durchgehendes Gewinde, während Twist-off-Deckel nur mit einer kleinen Drehbewegung aufgedreht werden (wie u. a. Marmeladengläser). Dieser Verschluss nennt sich Nockendrehverschluss. Für den Transport deiner Speisen eignen sich Schraubgläser daher besser. Bei Twist-off-Verschlüssen kann sich der Deckel leichter wieder lösen.

Tipp zum Schichten

Die Zutaten mit dem geringsten Gewicht werden immer ganz oben platziert. Daher beginnst du z. B. mit Kichererbsen oder Bohnen. Bei einem Salat empfiehlt es sich jedoch, das Dressing ganz am Anfang in das Glas zu geben oder aber extra in einem kleinen Behälter mitzunehmen. Bei Salatsaucen kannst du besonders fürs Büro eine ganz einfache Sauce aus Zitronensaft, Olivenöl und etwas Salz und Pfeffer wählen. Wenn du magst, kannst du z. B.noch etwas Mandelmus dazugeben. Das Glas verschließen und mit zur Arbeit nehmen oder einfach im Kühlschrank bis zum Verzehr lagern (1 bis 2 Tage). Vor dem Verzehr gibst du die Zutaten aus dem Glas einfach auf einen Teller.

Empfehlen kann ich dir ein Set aus Maison-Glas. Es ist dicht, ofen- und gefrierfest, spülmaschinengeeignet und sieht auch noch gut aus. Egal ob flüssig oder trocken, ob Müsli, veganer Joghurt, Suppen oder Salate, die Gläser lassen sich vielfältig einsetzen und eignen sich besonders zum Schichten von Zutaten.

» *Achte bei deinem Kauf darauf, dass die Behälter oder Gläser auch wirklich dicht sind. Auf der sicheren Seite bist du, wenn deine Deckel eine integrierte Dichtung haben und Einmachgläser einen Dichtungsring.* «

Für zu Hause kannst du in den Gläsern auch ganz toll getrocknete Kräuter und Gewürze aufbewahren. So bekommen die Gläser einen neuen Nutzen und landen nicht im Altglas. Wenn du die Gläser zum Einfrieren nutzt, solltest du das Glas nur stehend in das Kühlgerät geben und zu drei Vierteln füllen, denn der Inhalt wird sich in der Kälte ausdehnen. Um die Bruchgefahr zu verringern, verwende möglichst keine sehr hohen und schmalen Gläser, sondern besser solche mit einem großen Durchmesser.

Müslibecher to go Für kürzere Geschäftsreisen wähle ich auch mal einen Müslibecher to go. Er besteht aus einem zusätzlichen unteren isolierten Kühlfach. Toll für Müsli (z. B. das Basisflocken-Frühstücksrezept), Joghurt und pflanzliche Drinks, die durch das isolierte Unterteil schön getrennt bleiben. Weitere Zutaten wie Obst halten sich im oberen Teil frisch. Komplettiert wird der Becher durch einen Löffel zum Zusammenklappen. Optimal für ein gesundes Frühstück unterwegs.

Wie warme Speisen transportieren?

Besonders im Winter liebe ich eine wärmende Mahlzeit am Tag. Gern eine tolle fruchtige Suppe, die sich auch sehr gut in einer ganz normalen Thermoskanne mitnehmen lässt und warm bleibt. Es gibt aber auch extra Thermoskannen für Suppen zum Aus-dem-Deckel-Essen. Eine weitere Möglichkeit wäre eine elektrische Lunchbox für die Arbeit. So hast du für deine Mittagspause eine warme Mahlzeit (die Box ist auch für kalte Speisen einsetzbar). Die elektrische Lunchbox kannst du übrigens auch am Zigarettenanzünder im Auto anstecken und somit eignet sie sich auch für den Außendienst.

Bei euch ist warmes Essen am Platz nicht erlaubt und ihr habt keine Kantine? Vielleicht darfst du dir ja zumindest dein Obst am Platz schnippeln und einen Obstsalat oder einen gesunden Wrap essen (z. B. Rezept Seite 115). Salat aus dem Glas ist eine weitere geruchslose Variante, um deine Kollegen nicht zu stören. Ein warmes basisches Essen kannst du dann z. B. am Abend nachholen.

Getränke mitnehmen

Wasser trinken ist besonders im Büro wichtig, um unser Leistungsvermögen zu fördern und auch Kopfschmerzen vorzubeugen. Genau wie für unsere Speisen sind hier Glasbehälter oder Flaschen aus Edelstahl geeignet. Es gibt auch sogenannte Soulbottles aus Glas, auf denen schöne Sprüche stehen und die uns somit noch ein wenig Freude im Alltag machen. Bei Glasflaschen solltest du jedoch mit heißen Flüssigkeiten besser vorsichtig umgehen, damit das Glas nicht springt.

Mixer im Büro

Je nach Sicherheitsvorschriften und Möglichkeiten könnte im Büro auch ein Mixer gemeinschaftlich genutzt werden. Einen Obstkorb zusammen mit den Kollegen anliefern lassen, und jeder kann sich sein Obst auf die Hand nehmen oder sich einen leckeren Drink mixen, für zwischendurch, etwas fruchtiger oder auch mal mit etwas Proteinpulver (z. B. Hanfpulver) und Banane.

Welcher Mixer eignet sich fürs Büro? Es gibt schon kleine Standmixer mit einer starken Leistung, die leicht zu bedienen sind. Mixer dieser Art bestehen aus Motorblock, Mixbehälter und Mixmesser. Das Mixmesser ist hier nicht fest mit dem Mixbehälter verbunden, was einen flexiblen Umgang ermöglicht. Diese Mixer benötigen wenig Platz und sind zudem noch leicht zu reinigen. Perfekt also fürs Büro.

Natürlich könnt ihr euch auch fürs Büro einen hochwertigen Hochleistungsmixer zulegen, der eben auch für Suppen geeignet ist. Im Fachhandel wirst du persönlich beraten, welcher Mixer preislich und von der Verwendung her am besten in dein Büro oder die Büroküche passt.

Guideline für Geschäftsessen

Genauso eine Stolperfalle wie das Mittagstief und damit verbundener Süßhunger kann das Auswärtsessen auf Reisen oder im Restaurant mit Geschäftspartnern sein.

Basische Alternativen im Restaurant

Iss einen kleinen Obstsnack oder ein paar Mandeln, bevor du essen gehst. Sonst brennen vielleicht deine Sicherungen durch und du greifst womöglich unkontrolliert und unbewusst zu.

Bevor du lange in der Speisekarte nach gesunden Menüs suchst, bestellst du lieber schnell, was die anderen bestellen? Frag doch einfach die Bedienung nach einem gesunden Menü (vegan oder vegetarisch). Du kannst fast immer auf Salate bzw. Gemüsegerichte zurückgreifen und, falls nötig, als Ausnahme auf mageres Fleisch oder auf Fisch als Beilage. Bestenfalls geht es natürlich ohne tierische Produkte, und Gerichte wie Hühnchencurry können z. B. auf Wunsch auch ohne Hühnchen bestellt werden, dafür aber mit mehr Gemüse. Salatdressings kannst du dir aus Öl und Essig selbst zusammenstellen und um ein paar frische oder getrocknete Kräuter in einem Schälchen bitten.

Ich lasse mir im Restaurant das Dressing zum Salat getrennt bringen, erkundige mich nach frischen Kräutern, z. B. bei der Ofenkartoffel ersetze ich den Quark durch Guacamole oder bestelle mir zum einfachen Salat ein paar Nüsse und Hülsenfrüchte, damit er gehaltvoller wird.

Side Dishes Beilagen verleiten uns schnell dazu, mehr zu essen, als wir eigentlich wollen, und viele dieser Speisen sind gebraten oder enthalten Zusatzstoffe. Ersetz diese Beilagen und frag stattdessen nach Gemüse, Obst oder kleinen Ofenkartoffeln. Wenn dir zu deinem Salat oder deiner gewählten Speise Brot serviert wird, verneine höflich. Noch besser weist du die Bedienung sofort bei deiner persönlichen Bestellung darauf hin, dass du kein Brot wünschst. Ersetz Frittiertes durch Gegrilltes oder Gekochtes, dies sollte in jedem Restaurant möglich sein.

Auf Reisen Als Snacks wirst du, auch wenn du deine eigene Vorbereitung vernachlässigt hast, selbst auf Reisen und Flughäfen Salate, Nüsse und Wasser in jedem Flughafen finden. Wähle bewusst und genieße deine gesunde Wahl. Natürlich zahlst du für einen kleinen Salat auswärts einiges mehr, als wenn du ihn selbst zubereitest, aber es ist ja nicht so, dass man auswärts nichts Gesundes kaufen könnte.

Apps für Restaurantsuche

Wenn du auswärts essen willst, teste doch mal die App »Vanilla Bean«. Sie zeigt dir vegane Lokale in deiner Nähe an und da ist es dann bedeutend einfacher, Basisches zu finden. Die App »Happy-Cow« hilft dir, Restaurants in 180 Ländern nach deinem Geschmack zu finden.

Gehe nicht zu hart mit dir ins Gericht, wenn du nicht immer alles so umsetzen kannst, wie du es gerne würdest. Optimiere deine Ernährung unterwegs so gut es geht und freue dich auf deine basischen Alternativen zu Hause.

Basenbooster-Sprossensalat (Rezept Seite 119)

Die Rezepte

Ob Frühstück, Hauptgericht, süße Naschereien oder Getränke – du wirst von der Vielfalt und der kulinarischen Bandbreite basischer Rezepte überrascht sein!

FRÜHSTÜCK

Jede meiner zahlreichen Frühstücksvarianten schafft für Körper und Geist eine gute Basis, um mit Energie in den Tag zu starten. Sogar zwei basische Brotrezepte findest du im folgenden Kapitel, falls du einmal keine Lust auf Müsli hast. Zahlreiche Tipps erleichtern dir das Vorbereiten und zeigen dir auch, wie du dir am besten ein Frühstück ins Büro mitnehmen kannst, falls du einmal zu Hause keine Zeit für einen gemütlichen Tagesbeginn hast.

« Chiapudding im Glas (Rezept S. 88)

Chiapudding im Glas

1 Portion
Zubereitung 5 Min., über Nacht einweichen

- 2 EL Chiasamen
- 1 TL Zimt (oder z. B. Vanillepulver oder Rohkakaopulver)
- 1 TL geschälte Hanfsamen
- 100 ml Mandeldrink
- 1 EL Cashews natur
- Obst nach Wahl (z. B. 1 Handvoll Bananenscheiben, Heidelbeeren)

● Am Abend Chiasamen, Zimt, Hanfsamen und pflanzlichen Drink in ein Einmachglas geben, verrühren, verschließen und über Nacht im Kühlschrank quellen lassen. Morgens nochmals umrühren.

● Cashews klein hacken, Obst zubereiten (schälen, waschen, klein schneiden) und mit den Cashews über die Mischung geben.

● Glas verschließen und der Pudding ist fertig zum Mitnehmen.

To go: Chiasamen und Hanfsamen mit Mandeldrink und etwas Gewürz morgens in dein Schraubglas (oder z. B. einen Edelstahlbehälter) geben, umrühren und auf dem Weg zur Arbeit quellen lassen. Weitere Zutaten getrennt mitnehmen, im Büro den Pudding vor dem Verzehr noch einmal kräftig umrühren, die Toppings im Büro frisch unterrühren.

Tipp Chiasamen sind die Samen der mexikanischen Chiapflanze. Du bekommst sie im Reformhaus oder Drogeriemarkt. Du kannst alternativ auch Leinsamen verwenden. Bitte über den Tag verteilt viel Wasser trinken, da es ansonsten zu Verstopfung kommen kann.

Flockenfrühstück Grundrezept

1 Portion
Über Nacht einweichen

- 50 g Flocken
- 100 ml Flüssigkeit
- Obst
- Toppings

● Als Basis einen gesunden Säurebildner (z. B. Buchweizenflocken) wählen. Flocken über Nacht in Wasser oder einem pflanzlichen Drink (oder einer Mischung daraus) im Verhältnis 1:2 (je nach Geschmack) einweichen (z. B. auf 50 g Buchweizenflocken 100 ml Flüssigkeit).

● Obst (Himbeeren, Bananen, Äpfel etc.) entweder morgens frisch hinzugeben oder Tiefkühlobst über Nacht auftauen. Das Obst klein schnippeln (oder pürieren) und am Morgen über den Brei geben.

Das passt dazu: Nüsse, Cashews, Kokosflocken oder Rosinen; auch mit Gewürzen wie Vanillepulver und Zimt kannst du dein Frühstück morgens geschmacklich verfeinern. Ich mixe mir auch gern 1 EL Nussmus (z. B. Cashewmus, Seite 135) hinzu.

To go: Das Basis-Frühstücksrezept eignet sich z. B. zum Transport in einem Müslibecher (Seite 79).

Tipp Als Alternative zu Wasser oder einem pflanzlichen Drink kannst du auch einen veganen Joghurt wählen.

Mandel-Quinoa-Müsli

1 Portion
⏲ Zubereitung 5 Min., Kochzeit 15 Min.

40 g Quinoa • 2 EL Sonnenblumenöl • ½ TL Zimt • 60 ml Mandeldrink • 60 ml Wasser • ½ TL Vanillepulver • ½ Apfel • 1 kleine Banane • 1 EL geraspelte Mandeln

- Quinoa in einem Sieb unter heißem Wasser abspülen, in einen angewärmten Topf mit Öl geben und kurz unter Rühren mit Zimt erwärmen.

- Mandeldrink, Wasser und ¼ TL Vanille hinzugeben und einmal aufkochen lassen. Danach auf mittlerer Stufe ca. 15 Min. köcheln lassen, bis die Flüssigkeit fast verkocht ist.

- Sollte die Flüssigkeit vorher verdunstet und sollten die Körner etwas weicher sein, weitere Flüssigkeit hinzugeben.

- In der Zwischenzeit Apfel waschen, schälen, in kleine Stücke schneiden und für die letzten 5 Min. zusammen mit ¼ TL Vanillepulver (oder nach Geschmack) in die Quinoa geben.

- Am Schluss Banane und etwas geraspelte Mandeln auf die warme Quinoa-Apfel-Mischung geben.

Walnuss-Heidelbeer-Müsli

1 Portion
⏲ Zubereitung 5–10 Min.

2 EL Walnüsse • 50 g Hirseflocken • ¼ TL Vanillepulver • 50–100 ml Mandeldrink oder Wasser • 1 Handvoll Heidelbeeren

Optional:
Süßungsmittel Birnendicksaft oder z. B. Apfeldicksaft

- Walnüsse klein hacken. Hirseflocken, Walnüsse und Vanille in ein Gefäß geben.

- Alles vermischen, mit Mandeldrink oder (heißem) Wasser übergießen und 5 Min. quellen lassen.

- Am Schluss die Heidelbeeren über das Müsli geben.

Tipp Für die Arbeit kannst du die Zutaten in einem Schraubglas mitnehmen und erst im Büro mit (heißem) Wasser übergießen. Auch mit einem pflanzlichen Drink lässt sich die Mischung gut zubereiten. Eine weitere Möglichkeit: Hirse und Vanille schon am Abend über Nacht in einem Schraubglas einweichen und am Morgen nur noch die Heidelbeeren und Walnüsse hinzugeben. Die Hirse-Mandeldrink-Mischung hält sich ca. 2 Tage im Kühlschrank.

Walnuss-Heidelbeer-Müsli

Basic-Granola für den Vorrat

ca. 200 g / ca. 10 Portionen

Zubereitung 5 Min., Backzeit 20 Min.

- 100 g Mandeln
- 60 g Haferflocken
- 50 g Kürbiskerne
- 1 Prise Salz
- 1 TL Zimt
- 3 EL Sonnenblumenöl
- 100 ml Wasser
- 2 EL Honig

- Backofen auf 180 Grad (Umluft) vorheizen.

- Mandeln in einem Mixer oder einem Küchengerät grob zerkleinern.

- Trockene Zutaten in eine Schüssel geben und vermischen.

- Danach in einer kleinen Schüssel Sonnenblumenöl mit Wasser und Honig verrühren. Dieses Gemisch zur Müslimischung geben und alles gut miteinander verrühren.

- Die Mischung auf einem mit Backpapier ausgelegten Backblech verteilen und 15–20 Min. rösten. Zwischendurch die Mischung wenden, um das Anbrennen zu vermeiden.

- Danach vollständig auskühlen lassen. Ist die Mischung vollständig abgekühlt, hat sie eine knusprige Konsistenz.

To go: 4–5 EL Granolamischung in einen Behälter füllen und mitnehmen. Vor dem Verzehr 50 ml Wasser (oder pflanzlichen Drink) hinzugeben. Je nach Konsistenzwunsch die Flüssigkeit anpassen.

Tipp Das Granola kannst du in eine verschließbare Aufbewahrungsbox abfüllen, dir bei Bedarf einzelne Portionen herausnehmen und mit anderen Zutaten, wie Obst oder pflanzlichen Drinks, knabbern. Lecker und gesund sind auch Flohsamenschalen, Sonnenblumenkerne, Haselnüsse oder Walnusskerne (vorher in einem Mixer zerkleinern), Rosinen, Kokosraspel, Kakaopulver (roh), Hanfsamen oder Gojibeeren. Obst nach Wahl hinzugeben und umrühren.

Buchweizen-Knuspermüsli

Ca. 160 g

Zubereitung 10 Min., Backzeit 15 Min.

- 5 g getrocknete Apfelchips
- 30 g Mandeln natur
- 80 g roher Buchweizen
- 1 TL Zimt
- 3 EL Sonnenblumenöl
- 15 g Rosinen

Optional:

- 1–2 EL Honig

● Den Backofen auf 175 Grad Ober- und Unterhitze vorheizen.

● Die getrockneten Apfelchips in kleine Stücke schneiden. Mandeln in einem Mixer oder einem Küchengerät grob zerkleinern.

● Buchweizen unter Wasser abspülen und abtropfen lassen.

● Mandeln und Buchweizen sowie Zimt und Öl zusammen in einer Schüssel vermischen.

● Die Mischung auf einem mit Backpapier ausgelegten Backblech verteilen und auf der mittleren Schiene 10–15 Min. backen. Ab und zu alles wenden und am Schluss abkühlen lassen. Erst nach dem Abkühlen ergibt sich die richtig knusprige Konsistenz.

● Nach dem Abkühlen die zerkleinerten Apfelchips und die Rosinen hinzugeben.

Tipp Das Müsli kannst du auch in größeren Mengen auf Vorrat zubereiten und damit Obstsalate oder auch eine Smoothiebowl ergänzen. Für eine Smoothiebowl einfach deinen Lieblingssmoothie zubereiten, in eine Schüssel geben und am Schluss das Knuspermüsli daraufgeben.

Energiesmoothie

1 Portion
Zubereitung 10 Min.

1 Handvoll Spinat, Feldsalat oder Wildkräuter • 1 Apfel • 1–2 cm Bio-Ingwer • ½ Salatgurke • 1 Banane • 100 ml Wasser • 1 EL ganze oder geschälte Hanfsamen

- Grüne Blätter nach Wahl, Apfel, Ingwer und Gurke waschen, Banane schälen und mit den anderen Zutaten in einen Mixer geben.

- Alles in ein Glas zum Mitnehmen abfüllen.

Tipp Verdauungsarbeit nach dem Essen macht uns oft müde. Bei einem Smoothie werden durch den Mixer die Zutaten quasi vorverdaut, so dass dein Körper nur ein Minimum an Energie für die Verdauung aufwenden muss.

Apfel-Bananen-Bowl

1 Portion
Zubereitung 5 Min.

1 Apfel • 1 cm Bio-Ingwerknolle • 1 Banane • ½ TL Zimt (oder Vanillepulver) • 1 Prise Muskatnuss • 1–2 EL Mandeldrink • Obst nach Wahl (z. B. Himbeeren, Brombeeren, Erdbeeren, Feigen)

- Apfel und Ingwer waschen, schälen, Gehäuse des Apfels entfernen und Apfelfleisch und Ingwer mit den Zutaten für die Creme, außer Mandeldrink, in einen Mixer geben.

- Alles vermischen und nach und nach etwas Mandeldrink hinzugeben, sodass eine cremige, dicke Konsistenz entsteht.

- Die Mischung in ein Frühstücksschälchen geben und z. B. mit Himbeeren oder Feigenscheiben belegen.

To go: Zum Transportieren die cremige Mischung in einen verschließbaren Behälter füllen und das Obst zum Belegen getrennt mitnehmen. Zum Verzehr das Obst kurz vorher zubereiten und auf die Creme geben.

Tipp Mach aus der Apfel-Bananen-Bowl deine eigene Fruchtbowl oder Beerenbowl, so kannst du nach eigenem Geschmack immer neu variieren.

Apfel-Bananen-Bowl

Grundrezept Quinoa

1 Portion
Kochzeit 15 Min.

- 60 g Quinoa
- 180 ml Flüssigkeit
- Gewürze

- Quinoa in einem Sieb mit heißem Wasser abspülen.

- Wasser (z. B. mit 1 Prise Salz und 1 Spritzer Öl), Gemüsebrühe oder pflanzlichem Drink (z. B. Haferdrink mit 1 Prise Zimt) kochen und die Quinoakörnchen in die kochende Flüssigkeit geben (Verhältnis 3:1).

- Alles kurz aufkochen lassen. Danach ca. 15 Min. auf niedrigerer Stufe köcheln lassen, bis die Flüssigkeit fast verkocht ist. Eventuell etwas Wasser nachgießen, damit die Körner weicher werden. Sie bleiben aber immer bissfest.

- Nach dem Kochen die Körner abseihen und eventuell ein paar Minuten ruhen lassen.

- Am Schluss die Quinoa in eine Schüssel oder auf einen Teller geben.

Variante: Nach Geschmack süßen (z. B. mit Dicksaft, Früchten), mit Gewürzen verfeinern.

Tipp Wenn du zu Quinoa Tiefkühlobst essen möchtest, gib es 2–4 Min. vor Kochende hinzu.

Amaranth-Quinoa-Müsli

1 Portion
Zubereitung 5 Min.

- 1 Banane
- 2 EL gepuffter Amaranth
- 2 EL gepuffte Quinoa
- ½ TL Rohkakaopulver
- 50 ml Mandeldrink
- 2 TL geraspelte Mandeln

Optional:
- ½ TL Süßungsmittel wie z. B. Honig, Dicksäfte

- Banane schälen und in Scheiben schneiden.

- Amaranth, Quinoa und Kakao mischen. Etwas Mandeldrink hinzugeben, bis die gewünschte Konsistenz erreicht ist, und ein paar geraspelte Mandeln hinzufügen.

To go: Nimmst du dieses Müsli mit für unterwegs, mische Amaranth, Quinoa und Mandeln mit etwas Kakao in der Frischhaltebox und transportiere den Mandeldrink in einer kleinen Flasche getrennt. Die Banane kurz vor Verzehr schälen, klein schneiden und zusammen mit dem Mandeldrink über die Mischung geben.

Tipp Beim Kakao sollte es sich um Rohkostqualität handeln. Mit Rohkakao ist nicht das 100-prozentige Kakaopulver ohne Zucker gemeint. Die meisten 100-Prozent-Kakaopulver im Handel sind aus gerösteten Kakaobohnen hergestellt und somit kein Rohkakao. Diese Kakaobohnen können bei der Röstung unter hohen Temperaturen ihre wertvollen Nährstoffe verlieren. Rohe Kakaobohnen dagegen werden nicht über 42 Grad erhitzt und besitzen sie somit noch. Rohkostkakao bekommst du im Reformhaus oder im Internet. Kakao gehört übrigens zu einer der besten natürlichen Magnesiumquellen.

Süßes Brot

Süßes Brot

1 Brot
⏱ Zubereitung 5 Min., Backzeit 40 Min.

150 g Sonnenblumenkerne • 400 g Mandeln natur • 4 Bananen • 1 große Handvoll Rosinen • 2 EL Apfelmus (ohne Zusätze oder selbst hergestellt) • 1 EL Kokosöl

● Mandeln und Sonnenblumenkerne getrennt mahlen, danach zusammen mit den weiteren Zutaten in einem Hochleistungsmixer zu einem Teig vermischen.

● Mischung in eine mit Backpapier ausgelegte Brotform geben und bei 170 Grad für 20 Min. backen.

● Danach mit einem Tuch die Kastenform aus dem Ofen nehmen, den Kasten vorsichtig auf einem mit Backpapier ausgelegten Backblech über Kopf stürzen und das Brot vorsichtig herausnehmen.

● Das Brot für weitere 15–20 Min. in den Ofen schieben. Danach das Brot aus dem Ofen nehmen und abkühlen lassen.

Das passt dazu: Feigenmarmelade (Seite 133).

Tipp Schmeckt auch ohne Marmelade lecker zum Nachmittagstee. Das Brot im Kühlschrank aufbewahren (abgedeckt oder in einer Dose).

Erdmandelmüsli

1 Portion
⏱ Zubereitung 5 Min.

½ Apfel • 1 Handvoll Heidelbeeren • 1 Handvoll Himbeeren • ½ Orange • 1 EL Walnüsse • 2 EL Erdmandelflocken • 1 Prise Vanillepulver

● Apfel schälen, Gehäuse entfernen, Apfel klein schneiden.

● Das restliche Obst abwaschen, Orange auspressen.

● Obst, Orangensaft, Walnüsse und Erdmandelflocken vermischen.

● Abschließend Vanille über die Mischung geben.

Tipp Erdmandeln sind ein Knollengemüse und schmecken ähnlich wie Mandeln, daher der Name. Sie sind besonders reich an Kalium, Magnesium und Zink und bestens geeignet für eine basenreiche Ernährung.

Apfel-Zimt-Hirse-Mus

1 Portion

Zubereitung 5 Min., Kochzeit 15–20 Min.

50 g Hirse • 150 ml Mandeldrink • 1 TL Zimt • 1 Prise Salz • ½ Apfel • 2–3 TL Mandelmus

Optional:
1 EL Süßungsmittel, wie z. B. Honig, Dicksäfte

- Hirse in einem Sieb waschen und mit Mandeldrink, Zimt und 1 Prise Salz in einem Topf kurz aufkochen lassen. Danach bei mittlerer Hitze ca. 10 Min. köcheln lassen (ab und zu umrühren, eventuell etwas Flüssigkeit nachgeben), bis die Mischung cremig ist.

- Apfel waschen, schälen und würfeln.

- Hirse vom Herd nehmen, Mandelmus und Apfel hinzugeben und 10 Min. ruhen lassen.

Tipp Zum Vorbereiten kannst du die Hirse am Abend vorher kochen, morgens den Apfel frisch hinzugeben und alles in ein Schraubglas füllen.

Süßkartoffel-Frühstücksmus

1 Portion

Zubereitung 5 Min., Kochzeit 15 Min.

150 g Süßkartoffeln • 2 TL Sesam • 2 TL Kürbiskerne • ½ EL Kokosöl • 1 Handvoll Spinat • ½ TL Knoblauchgranulat • 1 Prise Kräutersalz • 1 Prise Pfeffer

- Süßkartoffeln waschen, schälen, klein schneiden und 10–15 Min. in einem Topf kochen, bis sie weich sind.

- In den letzten 5 Min. in einer Pfanne Sesam und Kürbiskerne in Kokosöl leicht rösten.

- Spinat waschen und hinzugeben, in der Pfanne lassen, bis die Blätter welk sind.

- Sobald die Süßkartoffeln weich sind, Wasser abgießen, Süßkartoffeln kurz pürieren und etwas Knoblauchgranulat, Pfeffer und Kräutersalz hinzugeben.

- Daraufhin zunächst Süßkartoffeln in eine Frühstücksschüssel geben, Spinat, Sesam und Kürbiskerne hinzugeben und abschmecken.

Mischbrot

1 Brot
Zubereitung 10 Min., Backzeit 40 Min.

- 120 g Kürbiskerne
- 200 g zerkleinerte Mandeln
- 100 g Haferflocken
- 150 g Buchweizenmehl
- 50 g Kokosmehl
- 2 EL Chiasamen
- 100 g Sonnenblumenkerne
- 1 EL Sesam
- 2 EL Kokosflocken
- 2 EL geschrotete Leinsamen
- 2 EL Mandelmus
- 3 EL Sonnenblumenöl
- 300–400 ml Wasser

● Backofen auf 170 Grad vorheizen (Umluft).

● Alle Zutaten außer Wasser, Mandelmus und Öl in einer Schüssel vermischen.

● In einem weiteren Behälter Mandelmus und Öl miteinander verrühren.

● Danach beides zusammen mit Wasser in die Mischung geben und alles mit der Hand oder einem Mixer verquirlen, bis ein Teig entsteht.

● Die Mischung in eine mit Backpapier ausgelegte Brotform füllen (oder kleine Brötchen formen) und in den Ofen schieben. Das Brot 20 Min. backen.

● Danach mit einem Tuch die Kastenform aus dem Ofen nehmen, den Kasten vorsichtig auf ein mit Backpapier ausgelegtes Backblech stürzen und das Brot vorsichtig herausnehmen.

● Das Brot nochmals für ca. 20 Min. in den Ofen schieben. Danach herausnehmen und abkühlen lassen.

Das passt dazu: Das Brot schmeckt mit veganen Cremes und etwas Gemüse besonders gut.

Tipp Das Brot hält etwa 4–5 Tage, wenn man es in einem luftdichten Behälter im Kühlschrank aufbewahrt.

FÜR MITTAG UND ABEND

Von weniger aufwendigen Gerichten wie süßen Pancakes, die auch Leckermäulchen erfreuen werden, über abwechslungsreiche Salate bis hin zu den immer beliebter werdenden Bowls ist hier sicher für jeden Geschmack etwas dabei. Dabei brauchst du auch für Gerichte wie das Sellerieschnitzel mit Feldsalat nur wenig Zubereitungszeit, sodass du dir selbst nach einem längeren Bürotag noch ein wunderbares basisches Gericht zaubern kannst.

« Sellerieschnitzel mit Feldsalat (Rezept Seite 106)

Kichererbsenpfanne

1 Portion
Zubereitung 10 Min.

100 g Brokkoli • 1 Karotte • ½ Paprika • 1 kleine Zwiebel • 2–3 EL Olivenöl • 50 ml Gemüsebrühe • 75 g gekochte Kichererbsen • ½ TL Kräutersalz • ½ TL Pfeffer • 1 Tomate • 1 kleine Handvoll Grün einer Frühlingszwiebel • etwas frische Petersilie

- Brokkoli, Karotte und Paprika waschen, Paprika entkernen, Gemüse und Zwiebel klein schneiden.
- Karotte und Zwiebel 2–3 Min. in einer Pfanne mit etwas Öl dünsten.
- Danach Paprika hinzugeben und weitere 1–2 Min. erhitzen.
- Gemüsebrühe und Brokkoli mit den Kichererbsen hinzugeben.
- Nach Geschmack noch Kräutersalz und Pfeffer hinzugeben und ca. 5 Min. bei geringer Hitze köcheln lassen.
- Kurz vor Schluss die Tomate hinzugeben, Frühlingszwiebel und Petersilie waschen, klein schneiden und unterrühren.

Tipp Das Gericht eignet sich gut für ein Abendessen oder zum Mitnehmen am nächsten Tag.

Sesamkartoffeln mit Mangosauce

1 Portion
Zubereitung 10 Min., Backzeit 25 Min.

150 g Kartoffeln • 2 EL Sonnenblumenöl • 2 EL Sesam • 1 EL Sonnenblumenkerne • ½ TL Salz

Für die Sauce:
1 Apfel • ½ reife Mango • 1 EL Kokosöl • 1 Zimtstange • 1 TL Honig • 1 Prise Salz • 2 cm Ingwerwurzel • 1 Prise Paprikapulver

- Backofen auf 180 Grad vorheizen.
- Kartoffeln waschen, schälen und in kleine Würfel schneiden. In einer Schüssel Öl, Sesam, Sonnenblumenkerne und etwas Salz vermischen und die Kartoffeln hinzugeben.
- Kartoffeln auf ein mit Backpapier ausgelegtes Backblech geben und 20–25 Min. goldbraun backen.
- Apfel und Mango waschen, schälen und würfeln. Ingwer waschen und auf einer Reibe klein reiben.
- In einer Pfanne Öl, Apfel, Mango und Zimtstange 3–5 Min. köcheln. Honig und Gewürze hinzugeben, umrühren. Zimtstange entfernen und alles pürieren.

Sesamkartoffeln mit Mangosauce

Sellerieschnitzel mit Feldsalat

1 Portion

Zubereitung 10 Min., Backzeit 10 Min.

Für das Sellerieschnitzel:
- 100 g Knollensellerie
- 3 EL Chiasamen
- 50 ml Wasser
- 1 Prise Salz
- 1 Prise Pfeffer
- 3 EL Sonnenblumenöl
- 100 g Brokkoli
- 2–3 EL Sesam

Für die Sauce:
- ½ Birne, reif
- 1 EL Kokosöl
- ½ Zwiebel
- ½ TL Knoblauchgranulat
- 3 EL kalt gepresster, naturtrüber Apfelsaft
- 1 EL Sesam
- 1 Prise Salz
- 1 Prise Pfeffer
- ½ TL Salz
- 1 Prise Pfeffer

Für den Feldsalat:
- 1 Handvoll Feldsalat
- 1 EL Olivenöl
- ½ EL Apfelessig
- ¼ TL Salz
- 1 Prise Pfeffer

● Knollensellerie reinigen, schälen und in ca. 1,5 mm dicke Scheiben schneiden.

● Chiasamen 10 Min. in Wasser quellen lassen (1 EL gequollene Chiasamen zurückbehalten), danach etwas Salz und Pfeffer hinzugeben und umrühren.

● Selleriescheiben mit Öl bestreichen, im Chia-Gel panieren und daraufhin in Sesam wenden. Beidseitig in etwas Öl ca. 5–10 Min. braten, bis der Sellerie gar ist.

● Am Schluss Brokkoli kurz in der Pfanne in 1–2 Schuss Öl andünsten und etwas Sesam hinzugeben.

● Für die Sauce Birne waschen, schälen, klein schneiden und mit etwas Öl in eine Pfanne geben.

● Zwiebel waschen, schälen, klein schneiden und zusammen mit der Birne und etwas Knoblauchgranulat in der Pfanne andünsten.

● Nach 2–3 Min. zusammen mit Apfelsaft, Sesam und 1 EL gequollenen Chiasamen in einen Mixer geben oder pürieren.

Tipp Dies ist ein schnelles leichtes Essen für den Abend oder optimal fürs Homeoffice.

Couscoussalat

1 Portion

Zubereitung 20 Min.

- 50 ml Gemüsebrühe
- 50 g Couscous
- ½ Paprika
- 1 kleine Tomate
- 1 kleine Handvoll Frühlingszwiebeln
- 1 EL Tomatenmark (oder 2 kleine pürierte Tomaten)
- Petersilie
- Schnittlauch
- 1 EL Olivenöl
- ¼ TL Salz
- 1 Prise Pfeffer

● Zuerst Gemüsebrühe aufkochen, dann Couscous hinzugeben, umrühren und den Topf von der Herdplatte ziehen.

● Abgedeckt 5–8 Min. quellen lassen. Danach mit einer Gabel auflockern.

● Paprika und Tomate waschen, Paprika entkernen, Zwiebeln schälen, alles klein schneiden. Petersilie und Schnittlauch klein schneiden. Gemüse mit Tomatenmark, Kräutern und Öl vermischen.

● Alles mit Couscous in einer Schüssel vermengen. Zum Schluss noch mit Salz und Pfeffer abschmecken.

To go: Den Couscoussalat einfach im Kühlschrank aufbewahren und am nächsten Tag in einer Lunchdose zur Arbeit mitnehmen.

Tipp Sobald Tomaten erhitzt oder industriell verarbeitet werden, verlieren sie ihre basische Wirkung. Du kannst dir Tomatenmark im Glas oder in der Tüte kaufen und Produkte ohne Zusätze wählen oder die basische Variante selbst herstellen. Die Tomaten hierfür häuten, das wässrige Innere mit den Kernen entfernen, das Fruchtfleisch pürieren oder aber die ganzen Tomaten pürieren und danach durch ein Sieb geben. Couscous kannst du übrigens auch im Verhältnis 1:1 nur mit kochendem Wasser (mit einem Spritzer Öl und 1 Prise Salz für den Geschmack) zubereiten und am Schluss etwas Ghee hineingeben.

Blumenkohlreispfanne

1–2 Portionen
Zubereitung 10 Min., Kochzeit 5–10 Min.

100 g Aubergine • 1 Karotte • ½ TL Salz • 1 Prise Pfeffer • 2 EL Sonnenblumenöl • 200 g Blumenkohl • 50 ml Wasser • 100 ml cremige Kokosmilch • 2 TL Curry • ½ TL Koriander

- Aubergine und Karotte waschen, in kleine Stücke zerteilen und mit Salz und Pfeffer in einer Pfanne mit Öl 3–5 Min. bei mittlerer Hitze bissfest anbraten.

- In dieser Zeit Blumenkohl waschen, in kleine Röschen teilen und sie entweder mit einer Raspel oder einem Mixer grob auf Reisgröße zerkleinern.

- Danach Blumenkohlreis, Wasser, Kokosmilch, Curry und Koriander in die Pfanne geben und alles weitere 3–5 Min. dünsten.

- Mit Gewürzen abschmecken, umrühren, fertig.

Tipp Du kannst auch einen ganzen Blumenkohl zu Reis verarbeiten und den restlichen Blumenkohlreis im Kühlschrank lagern. Den Reis kannst du in Suppen, in Salate oder in deine Wraps geben.

Gemüsebratlinge

Ca. 3 Bratlinge
Zubereitung 10 Min., Backzeit 5–10 Min.

100 g Zucchini • 1 kleine Karotte • 3 EL Buchweizenmehl • 1 EL geschrotete Leinsamen • 1 EL geschälte Hanfsamen geschält • 1 kleiner TL Gemüsebrühepulver • ½ TL Salz • ½ TL Pfeffer • 1 TL Mandeldrink • 3 EL Olivenöl

- Zucchini und Karotte waschen und raspeln.

- Beide Zutaten in eine Schüssel geben, Buchweizenmehl, Leinsamen, Hanfsamen und Gemüsebrühepulver sowie Gewürze hinzugeben und alles vermischen. Falls die Masse zu trocken ist, kann etwas Mandeldrink ergänzt werden. Die Mischung sollte jedoch nicht zu flüssig werden.

- Danach kleine flache Bratlinge formen und in einer Pfanne mit Öl bei mittlerer Hitze backen, bis die Bratlinge goldbraun sind (ca. 5–10 Min.).

Tipp Die Bratlinge schmecken zu Kartoffelsalat (Seite 125) und eignen sich auch als Fingerfood zum Mitnehmen.

Gemüsebratlinge

Süße Pancakes

Ca. 3 Pancakes
Zubereitung 10 Min.

2 EL geschrotete Leinsamen • 200 g Kichererbsenmehl • 1 Prise Salz • 400 ml Mineralwasser • 1–2 Bananen • 3–4 EL Kokosöl • 2–4 EL Apfelmus

- Leinsamen, Mehl und Wasser in eine Schüssel geben und zu einem Teig vermischen. Die Konsistenz mit Wasser anpassen, der Teig sollte nicht zu flüssig sein.

- Bananen schälen, in Scheiben schneiden und Bananenscheiben in den Teig geben.

- Den Pancake beidseitig in Öl backen.

- Den Bananenpancake mit Apfelmus bestreichen und genießen.

Tipp Wenn du es ganz süß magst, kannst du auch ein bisschen Xylit über den Pancake geben. Eine weitere süße Variante ist auch Pancakes mit Dattelcreme (Seite 130). Die Pancakes kannst du auch mitnehmen und kalt essen.

Linsenratatouille

1 Portion
Zubereitung 10 Min.

60 g rote Linsen • 2 EL Olivenöl • 200 ml Gemüsebrühe • 1 TL Sonnenblumenkerne • 1 TL Kürbiskerne • 100 g Aubergine • 100 g Zucchini • ½ Paprika • 1 Prise Salz • 1 Prise Pfeffer

- Linsen in einem Topf mit Öl kurz andünsten

- Gemüsebrühe hinzugeben, kurz aufkochen und danach Linsen in 5–10 Min. weich dünsten. Eventuell etwas Wasser nachgießen, sollte die Brühe vorher verdunsten.

- Sonnenblumenkerne und Kürbiskerne in einer Pfanne kurz braun rösten.

- Gemüse waschen, klein schneiden, in die Pfanne geben, etwas salzen und pfeffern und in 5–10 Min. bissfest dünsten.

- Weiche Linsen hinzufügen, umrühren und abschmecken.

To go: Schmeckt auch kalt am nächsten Tag aus der Lunchbox.

Quinoasalat mit Ofengemüse

1 Portion
Zubereitung 10 Min., Kochzeit 20 Min.

- 200 g Ofengemüse nach Wahl
- 1–2 EL Olivenöl
- ¼ TL Kräutersalz
- ½ TL Rosmarin
- ½ TL Thymian
- 50 g Quinoa
- 150 ml Gemüsebrühe
- 40 g gekochte Kichererbsen
- Zutaten Dressing
- 1 TL Tahini
- 1 TL kalt gepresster, naturtrüber Apfelessig
- 1 TL Olivenöl
- 1 TL Honig
- 1 Prise Salz
- 1 EL Wasser

● Backofen auf 180 Grad vorheizen.

● Gemüse nach Wahl (z. B. Zucchini, Auberginen) waschen, würfeln und in einer kleinen Schüssel mit Öl und Gewürzen verrühren.

● Gemüse für 15–20 Min. in den Ofen geben.

● Während das Gemüse im Ofen ist, Quinoa in Gemüsebrühe kochen (Grundrezept Quinoa, Seite 96).

● Sobald die Quinoa fertig ist, Kichererbsen und Ofengemüse hinzugeben und verrühren.

● Falls die Würze aus der Gemüsebrühe nicht reicht, ein Dressing zubereiten. Dazu alle Dressingzutaten miteinander mischen und nach und nach etwas Wasser hinzugeben, sodass eine cremige Sauce entsteht.

● Dressing am Schluss hinzufügen.

Tipp Der Quinoasalat hält sich ca. 3 Tage im Kühlschrank. Den Salat kannst du gut transportieren und die Mischung ist ein leckeres Mittagessen für ein paar Tage!

Topinambur … … mit Buttersalat

Topinambur …

1 Portion
Zubereitung 5 Min., Backzeit 15 Min.

100 g Topinambur • 2 EL Olivenöl • 1 Prise Salz und Pfeffer

- Topinambur waschen, schälen und in kleine Stücke schneiden.
- Anschließend in einer Pfanne mit Öl, etwas Salz und Pfeffer bei geringer Hitze in 10–15 Min. goldbraun dünsten.
- Anschließend zusammen mit Buttersalat genießen.

Tipp Topinambur enthält Inulin, das nicht jeder verträgt. Die Menge sollte daher erst nach und nach vorsichtig gesteigert werden.

… mit Buttersalat

1 Portion
Zubereitung 10 Min.

1 Handvoll Champignons • 1 EL Kürbiskerne • 1 Handvoll Buttersalat • 1 EL geschälte Hanfsamen • 100 g Salatgurke • 1 Tomate

Für das Dressing:
1 EL Olivenöl • ½ EL naturtrüber Apfelessig • ½ TL Knoblauchgranulat • 1 Prise Salz • 1 Prise Pfeffer

- Tomate und Salatgurke waschen und klein schneiden.
- Champignons putzen, in feine Scheiben schneiden und in einer Pfanne mit Öl kurz andünsten.
- Buttersalat waschen und zerpflücken.
- Alle Zutaten in eine Schüssel geben und mit den Zutaten des Dressings vermengen.
- Am Schluss Topinambur hinzufügen.

Topinambur mit Buttersalat

Zucchinirollen mit Walnusscreme

Ca. 4–6 Rollen
Zubereitung 15 Min.

- 1 Zucchini
- 1– 2 TL Salz (je nach Größe der Zucchini)

Für die Sauce:

- 100 g Walnüsse
- 1 kleine Zwiebel
- 1 TL Knoblauchgranulat
- Saft von ½ Zitrone
- 1 TL Paprikapulver
- etwas frische Petersilie
- 100 ml Wasser
- ¼ TL Salz

● Zucchini waschen und (mit einem Gemüseschäler) längs in schmale Streifen schneiden.

● Die Scheiben salzen und das Salz 10 Min. einwirken lassen.

● Für die Sauce alle Zutaten zu einer cremigen Masse pürieren.

● Nach 10 Min. das Salz von den Zucchinistreifen sehr gründlich abwaschen und sie sehr gut abtrocknen.

● Pro Streifen die Zucchini bis zur Hälfte mit Sauce bestreichen und die Streifen langsam aufrollen. Die Rollen mit einem Zahnstocher festigen.

Variante: Die übrig gebliebene Creme eignet sich auch gut für Gemüsesticks oder als veganer Brotaufstrich.

Tipp Du kannst die Rolle noch mit einem zusätzlichen Streifen umwickeln, sodass an den Enden keine Creme herausquillt. Die Zucchinirollen passen gut in eine Lunchbox, sollten aber bald verzehrt werden, da Sauce und Wasser die Zucchini durchweichen können. Zu den Rollen passen Cracker, die du auch wunderbar in die restliche Sauce dippen kannst.

Salatwraps

3 Portionen
Zubereitung 5–10 Min.

3 große Blätter Kopfsalat • 3 EL Mais • 3 EL gekochte weiße Bohnen • 1 kleine Handvoll klein geschnittenes Grün einer Frühlingszwiebel • ½ EL Zitronensaft • 1 EL Olivenöl • TL Koriander • ½ TL Kräutersalz • 2 EL Hummus

- Salatblätter waschen und trocken tupfen.

- Alle Zutaten bis auf Hummus und Salatblätter in eine Schüssel geben, vermengen und würzen.

- Die Salatblätter im unteren Drittel mit Hummus bestreichen und mit 1 EL der Mischung füllen. Das Salatblatt aufrollen und die Ränder umschlagen.

To go: Die Wraps kannst du in einer Frischhaltedose transportieren und als Snack genießen.

Salat to go

1 Portion
Zubereitung 10 Min.

½ Gurke • ½ Zucchini • 1–2 Physalis • 1–2 EL Granatapfelkerne • 1 kleine Handvoll gemischter Salat (z. B. Endivie, Feldsalat)

Für das Dressing:
1–2 frische Minzblätter (klein gehackt) • 1 Zitrone • 2–3 EL Olivenöl • ½ TL Salz • ½ TL Pfeffer

Topping:
1 kleine Handvoll Pistazienkerne

- Gemüse waschen und Gurke und Zucchini in einen Spiralschneider geben. Physalis aus den Hüllblättern lösen, waschen und halbieren.

- Granatapfel abwaschen und in einem Topf mit Wasser quer durchschneiden. Die Hälften jeweils unter Wasser mit den Händen in Stücke brechen und die Kerne mit den Fingern herauslösen. Die weißen Häutchen entfernen und die Kerne absieben.

- Für das Dressing Minze waschen, Blättchen abzupfen und klein hacken. Zitrone entsaften und alle Dressingzutaten vermischen.

- Die Zutaten in eine Box geben, das Dressing in einer extra Dose transportieren.

Falafelwraps

Falafelwraps

3 Wraps
Zubereitung 10 Min.

- 1 Karotte
- 6 Cherrytomaten
- 1 Prise Salz
- 1 Prise Pfeffer
- 3 Salatblätter (Kopfsalat)
- 1–2 Kichererbsenbällchen

Für das Dressing:

- 1,5 EL Tahini
- 1 EL Wasser
- 1 TL Zitronensaft
- 1 Prise Knoblauchgranulat
- 1 Prise Salz

● Karotte waschen und raspeln.

● Tomaten waschen, vierteln und mit ein bisschen Salz und Pfeffer würzen.

● Salatblätter waschen und vorsichtig abtrocknen, damit sie nicht zerreißen.

● Die Zutaten für das Dressing in einer kleinen Schüssel verrühren und die Salatblätter damit bestreichen.

● Kichererbsenbällchen, etwas geraspelte Karotte und Tomaten auf das Dressing geben und die Blätter zusammenrollen.

Tipp Mit einem Zahnstocher kannst du die Falafelwraps zusätzlich zusammenhalten.

Falafeln

Ca. 7 Kichererbsenbällchen
Zubereitung 10 Min., Backzeit 20 Min.

100 g gekochte Kichererbsen • ½ kleine Zwiebel • ¼ TL Knoblauchgranulat • 1 TL Weinsteinbackpulver • 1 EL Zitronensaft • 15 g Walnüsse • ¼ TL gemahlener Kreuzkümmel • ¼ TL Koriander • ¼ TL Salz • etwas Pfeffer • etwas frische Petersilie • etwas Wasser

- Backofen auf 180 Grad vorheizen.
- Alle Zutaten in einen Mixer geben (oder pürieren) und zu einer zusammenhängenden Masse verquirlen, die Konsistenz mit etwas Wasser anpassen.
- Aus der Masse kleine Bällchen formen und auf ein mit Backpapier ausgelegtes Backblech geben.
- Die Bällchen 10 Min. backen, wenden und nochmals 10 Min. backen, sodass sie goldbraun sind.

Tipp Die Bällchen kannst du sofort zu einem Salat genießen oder aber auch als Fingerfood mitnehmen und kalt essen.

Gemüsenudeln

1–2 Portionen
Zubereitung 10 Min.

Für die Gemüsenudeln:
1 Karotte • 1 Salatgurke • 1 Zucchini

Für die Sauce:
100 ml Mandeldrink • 80 g Cashews • 1 TL Olivenöl • ½ TL Senf • 1 TL Zitronensaft • ½ TL Paprikapulver • ½ TL Knoblauchpulver • ¼ TL Salz • 1 Prise Pfeffer

- Karotten, Gurke und Zucchini waschen und in einen Spiralschneider geben.
- Alle Zutaten für die Sauce in einen Mixer geben und zu einer Sauce vermischen oder cremig pürieren.
- Die Sauce über die Nudeln geben, eventuell etwas nachsalzen, fertig.

To go: Zum Mitnehmen Nudeln und Sauce getrennt transportieren und erst vor dem Verzehr mischen.

Tipp Wenn du magst, kannst du die Nudeln auch kurz in der Pfanne mit etwas Öl 1–2 Min. erwärmen, dann wird es einem Nudelgericht noch etwas ähnlicher.

Basenbooster Sprossensalat

1 Portion
Zubereitung 10 Min.

½ Orange • 50 g Sojasprossen • 50 g Mungbohnensprossen • 1 TL geraspelte Mandeln • ¼ TL Muskatnuss • ¼ TL Zimt • 2 EL Kokosmilch • 1 EL Hanfsamen geschält • 1 Handvoll Feldsalat • ½ EL Olivenöl • 1 TL Zitronensaft

- Orange schälen und zerkleinern.
- Sprossen waschen.
- Alle Zutaten vermischen und abschließend abschmecken.

Tipp Mit vielen unterschiedlichen Sprossen kannst du deinen Tag besonders basisch gestalten. Sprossen gehören zu den vitalstoffreichsten Lebensmitteln überhaupt.

Spinat-Quinoa-Salat

1 Portion
Zubereitung 10 Min.

1 Handvoll Spinat • ½ Apfel • ½ Birne • 20 g Walnüsse • 60 g gekochte Quinoa

Für das Dressing:
3 EL Olivenöl • 4 EL frisch gepresster Orangensaft • ½ EL Apfelessig • 2 TL Honig • ½ TL Zimt

- Spinat, Apfel und Birne waschen.
- Apfel raspeln, Birne schälen und in dünne kleine Scheiben schneiden, Spinat zerpflücken.
- Walnüsse zerkleinern. Alles zusammen mit den Walnüssen in eine Schüssel geben.
- Alle Zutaten für das Dressing vermischen und kurz ziehen lassen.
- Am Schluss Quinoa unterheben und nach und nach etwas Dressing hinzugeben und vermischen.

Tipp Kochst du die Quinoa frisch (Grundrezept), so gib für die letzten 5 Min. etwas geraspelten Apfel und einige Birnenscheiben in den Topf.

Linsenspirelli

1 Portion
Zubereitung 10 Min.

1 kleine Karotte • ¼ Paprika • 1 EL Olivenöl • 1 Handvoll Champignons • ¼ TL Salz • 1 Prise Pfeffer • 40 g Linsenspirelli

Für das Dressing:
1 große Tomate • ½ TL Knoblauchgranulat • ¼ TL Salz und Pfeffer • 1 TL Oregano • 1 TL Basilikum • ½ TL Honig

- Karotte, Paprika und Champignons waschen, Paprika entkernen, alles klein schneiden

- Karotte und Paprika in einer Pfanne mit Öl bissfest dünsten.

- Champignons hinzugeben, alles vermischen und mit Salz und Pfeffer würzen.

- Linsenspirelli kurz vorkochen (1–2 Min.) und in der Pfanne mit den anderen Zutaten vermischen.

- Für das Dressing Tomate waschen und zusammen mit den anderen Zutaten für das Dressing pürieren.

- Dressing hinzugeben, umrühren, abschmecken.

Geröstete Süßkartoffeln

1 Portion
Zubereitung 5 Min., Backzeit 20 Min.

150 g Süßkartoffel • 3 EL Sonnenblumenöl • 1 TL Paprikapulver • ¼ TL Salz • 1 Prise Pfeffer • etwas Basilikum (frisch)

Für den Dip:
2 EL Mandelmus • 1 TL Zitronensaft • 2 TL Wasser • ½–1 TL Paprikapulver • ¼ TL Salz • 1 Prise Pfeffer

- Backofen auf 180 Grad vorheizen und Backblech mit Backpapier auslegen.

- Süßkartoffel waschen und in 1 cm breite Streifen schneiden. In einer Schüssel mit Öl und Gewürzen vermischen und nebeneinander mit Abstand auf dem Backblech verteilen. 15–20 Min. rösten und zwischendurch umdrehen.

- Für den Dip alle Zutaten in einen Mixer geben oder mit einem Pürierstab zu einer glatten Masse pürieren.

To go: Süßkartoffeln und Dip passen z. B. zusammen mit Rohkoststangen gut in eine Lunchbox mit getrennten Fächern und können am nächsten Tag kalt gegessen werden.

Geröstete Süßkartoffeln

Süßkartoffelpfanne

1 Portion
Zubereitung 5 Min., Kochzeit 15–20 Min.

150 g Süßkartoffel • 100 g Aubergine • 100 g Zucchini • 50 g Brokkoli • ½ Paprika • 2 EL Olivenöl • 200 ml Gemüsebrühe • ½ TL Kräutersalz • ½ TL Pfeffer • frische Kräuter (z. B. Schnittlauch, Petersilie)

- Süßkartoffel, Aubergine, Zucchini, Brokkoli und Paprika waschen und in kleine Stücke schneiden.
- Süßkartoffel in etwas Öl 1–2 Min. leicht in der Pfanne andünsten.
- 100 ml Gemüsebrühe hinzugeben und Süßkartoffel in der Gemüsebrühe 10 Min. auf mittlerer Stufe halb gar köcheln.
- Danach nochmals 100 ml Gemüsebrühe, Paprika und Zucchini hinzugeben, 2–3 Min. köcheln lassen, am Schluss Aubergine und Brokkoli hinzugeben und alles weitere in 5 Min. auf mittlerer Stufe bissfest dünsten.
- Mit Gewürzen abschmecken.

Tipp Sobald du ein Messer leicht aus den Süßkartoffeln ziehen kannst, sind sie gar.

Vital-Bowl

1 Portion
Zubereitung 10 Min.

1 Handvoll Feldsalat • 1 Karotte • 1 Handvoll Mungobohnensprossen • 1 EL Sonnenblumenkerne • 50 g gekochte Kichererbsen • 1 TL Hanfsamen, geschält • 50 g ungeräucherter Tofu • 2 EL Sonnenblumenöl

Für das Dressing:
2 EL Olivenöl • ½ EL Apfelessig • etwas Salz und Pfeffer

Für den Dip:
1 TL Zitrone • 1 EL Wasser • ½ TL Olivenöl • 1 EL Erdnussmus • 1 Prise Salz • 1 Prise Pfeffer

- Salat und Karotte waschen, klein schneiden und in eine Schüssel geben.
- Tofu würfeln, in einer Pfanne mit 2 EL Öl braten (ggf. noch Öl hinzufügen) und in die Schüssel geben.
- Alle Zutaten für den Dip in einer Schüssel verrühren.

To go: Dressing über den Salat geben und den cremigen Dip auf dem Salat portionieren. In einer Bentobox kannst du das Gemüse mit Salat, Dressing und Tofu auch gut getrennt transportieren und später kombinieren.

Brokkolisalat

1 Portion
Zubereitung 10 Min.

150 g Brokkoli • 1 Handvoll Cashews • 1 EL Olivenöl • 1 Handvoll Granatapfelkerne • 1 EL Mandelsplitter oder geraspelte Mandeln • 1 Prise Koriander

Für das Dressing:
1 Zitrone • 3–4 EL Olivenöl • 2 TL Honig • ¼ TL Salz • 1 Prise Pfeffer

- Brokkoli waschen und in kleine Röschen teilen.
- Brokkoli in kochendem Salzwasser 2 Min. kochen und sofort danach in Eiswasser abschrecken und abseihen. Brokkoli in eine Schüssel geben.
- Cashews in einer Pfanne mit etwas Öl kurz anrösten und zusammen mit Granatapfelkernen und Mandeln über den Brokkoli streuen.
- Mit Koriander würzen und umrühren.
- Für das Dressing Zitrone entsaften und 1–2 EL Saft mit den anderen Zutaten verrühren.
- Am Schluss das Dressing über den Salat geben.

Wildkräutersalat

1 Portion
Zubereitung 10 Min.

2 Handvoll Wildkräuter nach Wahl (z. B. Löwenzahnblätter, Brunnenkresse, Schafgarben- oder Sauerampferblätter) • 1 Tomate • 2 EL Olivenöl • 1 TL Zitronensaft • ¼ TL Pfeffer und Salz

- Die Kräuter und die Tomate waschen, klein schneiden und in eine Schüssel geben.
- Das Öl, Zitronensaft und Salz und Pfeffer hinzugeben, alles vermischen und abschmecken.

To go: Zum Mitnehmen transportiere ich den Salat und das Dressing getrennt.

Rucola-Kartoffel-Salat

Rucola-Kartoffel-Salat

1 Portion
Zubereitung 10 Min., Kochzeit 15 Min.

1 EL Olivenöl • 40 ml Gemüsebrühe • 1/4 EL Apfelessig • 1/4 TL Senf • 1/4 TL Knoblauchgranulat • 1/4 TL Salz • 1/4 TL Pfeffer • 150 g festkochende Kartoffeln • 1 Handvoll Rucola • 100 g Salatgurke • 1 kleine Handvoll Frühlingszwiebeln

- Öl mit Brühe, Essig, Senf, Knoblauchgranulat, Salz und Pfeffer verrühren.
- Kartoffeln waschen und 15–20 Min. in Salzwasser kochen, bis sie gar sind.
- Rucola waschen und zerzupfen.
- Gurke waschen, schälen und in Scheiben schneiden.
- Frühlingszwiebeln waschen und klein schneiden.
- Kartoffeln abgießen, pellen, in Scheiben schneiden und mit allen anderen Zutaten und Sauce vermischen. 30 Min. ziehen lassen.

To go: Den Kartoffelsalat kannst du am Abend zubereiten und sowohl am Abend essen als auch die Reste in einer Box mit zur Arbeit nehmen und dort zu Mittag verspeisen.

Fruchtige Suppe

1 Portion
Zubereitung 15 Min., Kochzeit 5–10 Min.

2 Karotten • 1–2 cm Ingwerknolle • 1 kleine Zwiebel • 1 EL Sonnenblumenöl • 150 ml Gemüsebrühe • 50 ml Kokosmilch • 1 Prise Salz • 1 Prise Pfeffer • 1 Mango • 1/2 Zitrone • Wasser

- Karotten waschen und in Scheiben schneiden.
- Ingwer waschen, schälen.
- Zwiebel schälen, klein schneiden und zusammen mit Karotte und Ingwer in einem Topf kurz in etwas Öl andünsten.
- Nach 2–3 Min. mit der Gemüsebrühe aufbrühen, Kokosmilch hinzugeben und 5–10 Min. kochen, bis die Karotten gar sind.
- Mango schälen, den Stein entfernen und das Fleisch würfeln.
- Das Mangofleisch für 1 Min. in die Brühe geben und alles im Topf cremig pürieren. Die Konsistenz kannst du mit etwas Zitrone und Wasser anpassen. Am Schluss nochmals abschmecken.

Pfannkuchensandwiches

Ca. 3 Pfannkuchen
Zubereitung 10 Min.

- 2 EL geschrotete Leinsamen
- 200 g Kichererbsenmehl
- 400 ml Mineralwasser
- 1 Prise Salz
- 4 EL Sonnenblumenöl

Für die Füllung:

- 50 g Brokkoli
- 1 weiche Avocado
- 1–2 EL Zitronensaft
- 1 TL Tahini
- ¼ TL Salz
- ¼ TL Pfeffer
- 2 EL geschrotete Leinsamen
- 200 g Kichererbsenmehl
- 400 ml Mineralwasser
- 1 Prise Salz
- 4 EL Sonnenblumenöl

Für den Belag:

- 1–2 Salatblätter
- 1 Tomate
- ½ Gurke
- 1 Prise Salz
- 1 Prise Pfeffer

- Zutaten für die Pfannkuchen außer Öl in eine Schüssel geben, zu einem Teig vermischen. Die Konsistenz mit Wasser anpassen, der Teig sollte nicht zu flüssig sein.

- Den Pfannkuchen beidseitig in Öl backen. Danach den Pfannkuchen vorsichtig auf einen Teller geben, etwas abkühlen lassen und vierteln.

- Für die Füllung Brokkoli waschen, kleine Röschen abtrennen, in kleine Stücke schneiden (oder kurz in den Mixer geben).

- Avocado halbieren, Stein entfernen, Fruchtfleisch herausheben und in einem kleinen Gefäß zusammen mit etwas Zitronensaft und Tahini verrühren, mit Salz und Pfeffer abschmecken. Brokkoli hinzugeben und umrühren.

- Zwei Viertel des Pfannkuchens mit Füllung bestreichen und nach Belieben mit einem Salatblatt und Gemüsescheiben belegen.

- Etwas salzen und pfeffern. Mit den anderen beiden Vierteln zusammenklappen und als Sandwich genießen.

Tipp Du kannst die Pfannkuchen 1–2 Tage im Kühlschrank lagern oder den Teig in 2 Hälften teilen und dir am nächsten Tag neue Pfannkuchen machen.

Pfannkuchensandwiches

SAUCEN UND DIPS

Die folgenden Rezepte bieten ein buntes Spektrum an süßen und salzigen Varianten von der Basisgemüsebrühe bis zur Dattelcreme als alternativem Süßungsmittel. Außerdem findest du hier auch Basisrezepte für vegane Butter, Senf oder Salatdressing.

« Hummus (Rezept Seite 130)

Hummus

1–2 Portionen
Zubereitung 10 Min.

1 Zweig Petersilie • 1 Knoblauchzehe • 1 EL Zitrone • 1,5 EL Tahini • 100 g gekochte Kichererbsen • 2 EL Olivenöl • 1/4 TL Salz • 1/4 TL Pfeffer • 1/4 TL gemahlener Kreuzkümmel

Optional:
1–2 EL Wasser

- Petersilie waschen, Knoblauch schälen, Zitrone entsaften und mit allen anderen Zutaten in einem Mixer zu einer einheitlichen Masse zerkleinern (oder pürieren) und die Konsistenz mit etwas Wasser anpassen.

- Abschmecken und ca. 30 Min. im Kühlschrank ziehen lassen.

Tipp Hummus und Sesamdip sind toll als Dip für Gemüsesticks und Cracker (Seite 65).

Dattelcreme

150 ml
Zubereitung 5 Min., Einweichen 30 Min.

20 getrocknete Datteln • 130–150 ml Wasser

- Datteln entkernen und in einer Schüssel mit Wasser ca. 30 Min. einweichen.

- Datteln mit einem kleinen Teil des Einweichwassers in einen Mixer geben und nach und nach während des Mixens weiteres Wasser hinzugeben, bis eine flüssige Creme entsteht.

Tipp Die Creme kannst du in ein ausgekochtes luftdichtes Glas füllen und 3–5 Tage im Kühlschrank aufbewahren (oder portionsweise einfrieren). Sie eignet sich als alternatives Süßungsmittel für Desserts, Kekse, Smoothies und Kuchen sowie als Honigersatz. Die Konsistenz kannst du je nach Verwendung etwas flüssiger bzw. fester und süßer gestalten.

Nussdrink

1 Liter
Zubereitung 5–10 Min., über Nacht einweichen

• 200 g Nüsse (z. B. Haselnüsse) • 1 l Wasser

● Nüsse über Nacht in Wasser einweichen.

● Anschließend Wasser abschütten, Nüsse abspülen und in einem Mixer mit 1 l Wasser 1–2 Min. auf einer hohen Stufe mixen, bis sich die Flüssigkeit weiß verfärbt und keine Nussstückchen mehr enthält.

● Über einer großen Schüssel nun die Flüssigkeit durch einen Nussbeutel, ein Passiernetz, Wäschenetz oder einen Kaffeefilter seihen.

Tipp Wenn es mal ganz schnell gehen muss, 1 EL einer Mussorte (z. B. Mandelmus, Cashewmus etc.) mit 250–500 ml Wasser (je nach gewünschter Geschmacksstärke) in einen Mixer geben und 20–30 Sekunden mixen. Danach hast du ein Getränk mit (Mandel-)Geschmack. Am besten gibst du erst das Wasser in den Mixer und dann das Mus, damit es sich nicht zu sehr am Behälter festsetzt. Den Drink kannst du 1–2 Tage im Kühlschrank aufbewahren. Bei Mandelmus findest du im Reformhaus sowohl dunkles als auch helles Mus. Das dunkle ergibt einen etwas kräftigeren Drink.

Feigenmarmelade

Feigenmarmelade

1 Portion
Zubereitung 5 Min.

1 Handvoll getrocknete Feigen (oder z. B. Datteln) • 100 ml Mineralwasser • 1 Prise Zimt

- Trockenfrüchte mit Wasser und Zimt pürieren.

- Die Mischung in ein sterilisiertes Schraubglas geben. Die Marmelade hält sich 1–2 Tage im Kühlschrank.

Basis-Salatdressing fürs Büro

1 Portion
Zubereitung 3 Min.

1 EL Balsamessig • 1/4 TL Senf • 2 EL Olivenöl • 1 Prise Salz und Pfeffer

- Den Essig mit dem Senf verrühren und langsam das Öl hinzugeben.

- Alles vermischen und mit etwas Salz und Pfeffer abschmecken.

Tipp Aus ein paar Grundzutaten kannst du dir ein leckeres Dressing für grünen Salat im Büro schnell selbst kreieren. Ein Bestandteil ist Balsamessig. Hier empfehle ich dir, einmal eine sehr hochwertige Variante zu probieren: Der Balsamico Tradizionale wird aus dem eingekochten Traubenmost weißer Trauben hergestellt und ist ein reines Naturprodukt, ohne Konservierungs- oder Farbstoffe. Dieses Dressing kannst du auch zu Gemüse oder Süßkartoffeln essen.

Gemüsebrühe

1 Liter
Zubereitung 5 Min., Kochzeit 1 Std.

2 Karotten • 2 Stangen Sellerie • 2 Tomaten • 1 Paprika • 1 Zwiebel • 1 EL Kokosöl • 1 Lorbeerblatt • 4–5 Zweige Thymian • 1 Prise Salz und Pfeffer • 1,5 l Wasser

- Karotten, Sellerie, Paprika und Tomaten waschen und in kleine Stücke schneiden.

- Zwiebel schälen, klein schneiden und ohne Fett in einem Topf anrösten.

- Öl, Gemüse, Gewürze und Wasser zufügen. Alles einmal aufkochen und bei schwacher Hitze ca. 1 Stunde köcheln lassen.

- Nach Ende der Garzeit die Gemüsebrühe durch ein Sieb gießen.

- Die fertige Flüssigkeit in Eiswürfelbehälter füllen, abkühlen lassen und einfrieren.

Tipp Nach ungefähr 24 Stunden kannst du die Brüh-Eiswürfel in ein verschließbares Glas oder einen Tiefkühlbehälter umfüllen. Die Suppen-Eiswürfel lassen sich auf diese Weise portionsweise nach Bedarf entnehmen.

Gemüsebrühepulver

Ca. 200 g
Zubereitung 5 Min., ca. 5 Std. Dörrzeit

2 Karotten • 3–4 Stangen Sellerie • 1 Pastinake • 1 Aubergine • ½ Stange Lauch • 2 Zwiebeln • 1 Bund Petersilie • 1 Lorbeerblatt

- Die Zutaten waschen, schälen oder putzen, in Stücke schneiden und alles für 1–2 Min. in einen leistungsstarken Mixer oder ein entsprechendes Küchengerät geben.

- Die entstandene Gemüsepaste nun trocknen. Dafür das Gemüse entweder in einen Dörrautomaten oder für 4–5 Std. bei 60 Grad auf ein mit Backpapier ausgelegtes Backblech geben, immer wieder umrühren. Am besten den Ofen auf Umluft einstellen und ihn zusätzlich regelmäßig öffnen, um die Feuchtigkeit herauszulassen.

- Nachdem das Gemüse getrocknet ist, es eventuell in einem Küchengerät zu einem feinen Pulver zermahlen.

- Am Schluss in ein Schraubglas füllen und fertig ist ein Gemüsepulver als Grundstock für Eintöpfe und Suppen. Hierfür einfach mit etwas Wasser aufkochen.

Cashewmus

250 ml Einweckglas
Zubereitung 5 Min., Röstzeit 15 Min.

250 g Cashews natur • nach Geschmack 1 Prise Zimt oder Salz

- Cashews auf einem Backblech verteilen und 10–15 Min. bei 150 Grad Umluft im Backofen oder in einer Pfanne ohne Fett rösten, bis sie leicht gebräunt sind.

- Danach komplett abkühlen lassen und in einen Mixer oder eine Küchenmaschine zum Zermahlen geben. Langsam und mit kurzen Unterbrechungen zermahlen, bis eine cremige, homogene Masse entsteht.

- Nach Geschmack Zimt oder Salz hinzugeben.

Tipp Das fertige Mus in ein sterilisiertes Glas geben, verschließen und bei Raumtemperatur dunkel und trocken lagern (ca. 1–2 Monate haltbar). Cashewmus ist lecker zu Müsli, in Obstsalaten oder als Zutat für Dressings.

Sesamdip

1 Portion
Zubereitung 15 Min.

2 Karotten • 1 EL Tahini • 1 Knoblauchzehe • 1 TL Salz • ¼ TL Paprikapulver • ¼ TL gemahlener Kreuzkümmel • ¼ TL Pfeffer

- Karotten waschen, schälen und in einem Topf in 5–10 Min. weich kochen.

- Knoblauch schälen. Zusammen mit der Karotte und dem Tahini in einer kleinen Schüssel cremig pürieren (die Konsistenz mit etwas Wasser anpassen).

- Mit Gewürzen abschmecken.

Tipp Den Dip kannst du in einem ausgekochten luftdichten Glas 2–4 Tage im Kühlschrank aufbewahren.

Senf

Ca. 200 ml
Zubereitung 5 Min., über Nacht einweichen

60 ml Wasser • 50 g Senfkörner (ganz oder auch gemahlen als Senfpulver) • 60 ml kalt gepresster, naturtrüber Apfelessig • Saft einer halben Zitrone • 1/4 TL Salz

- Wasser, Senfkörner und Apfelessig in eine kleine Schüssel geben und abgedeckt im Kühlschrank über Nacht quellen lassen. Wird Senfpulver verwendet, reichen 1,5–2 Std.
- Danach Zitrone und Salz dazugeben und die Mischung pürieren.
- Am Schluss abschmecken und bei Bedarf weitere Senfkörner oder weitere Gewürze hinzugeben.
- Im Kühlschrank kann der Senf 2–3 Wochen aufgehoben werden.

Tipp Herkömmlicher Senf enthält oftmals Zusätze wie Zucker. Daher solltest du ihn genau auf Zusatzstoffe hin kontrollieren, damit du nicht unnötige Zusätze zu dir nimmst. Am besten machst du dir deinen Senf selbst.

Vegane Butter

100 g
Zubereitung 5 Min.

50 g Kokosöl • 50 ml Leinsamenöl • 1 Prise Salz

- Kokosöl bei niedriger Temperatur in einem Topf schmelzen.
- Danach mit dem kalten Leinsamenöl und 1 Prise Salz in einer kleinen Schale vermischen.
- Die Mischung in den Kühlschrank stellen, bis die Butter fest geworden ist (ca. 1–2 Std.).

Bohnendip

1 Portion
Zubereitung 5 Min.

100 g weiße Bohnen (gekocht aus dem Glas) • 1/4 TL Knoblauchpulver • 1 Prise Rosmarin • 1 EL Olivenöl • 1/2 TL Kräutersalz • 1 Prise Pfeffer • 1 TL Zitronensaft

- Sämtliche Zutaten in eine Schüssel geben.

- Alles pürieren, bis eine cremige Paste entsteht.

Tipp Die Creme eignet sich als Dip für Gemüsestangen oder als Brotaufstrich.

Grüner Dip

1 Portion
Zubereitung 10 Min.

100 g frische Petersilie • 1 Chilischote • 1 cm Ingwer • 1 EL Zitronensaft • 1 EL Wasser • 50 g Kokosflocken • 1/2 TL Kräutersalz

- Petersilie waschen und fein hacken.

- Chilischote waschen und in kleine Stücke schneiden.

- Ingwer reinigen und auf einer Reibe fein reiben.

- Alles zusammen mit Zitronensaft, Wasser und Kokosflocken in einem Mixer oder mit einem Pürierstab vermischen, bis ein cremiger Dip entsteht. Abschließend Salz hinzugeben, abschmecken und 1–2 Std. im Kühlschrank ziehen lassen.

SNACKS, SÜSSES UND GETRÄNKE

Wer meint, in der basischen Küche müsse man auf süße Naschereien verzichten, wird hier eines Besseren belehrt. Ob Schokokugeln, Kraftriegel oder Cupcakes – bei den folgenden Rezepten kommen auch echte Schleckermäulchen auf ihre Kosten, und das auf gesunde Art und Weise! Auch süße Erfrischungsgetränke und eine basische Kaffeealternative werden hier angeboten.

« Schokopudding (Rezept Seite 142)

Cupcakes

Ca. 8 Stück

Zubereitung 10 Min., Backzeit 30 Min.

100 g Mandelmehl • 1 EL Birkenzucker • 1 TL Weinsteinbackpulver • ½ TL Salz • 1 TL Zimt oder Vanillepulver • 200 g Apfelmus • 80–100 ml pflanzlicher Drink (z. B. Mandeldrink) • 1 EL Olivenöl

- Backofen auf 160 Grad vorheizen.

- Mehl, Birkenzucker, Weinsteinbackpulver und Gewürze in einer Schüssel vermischen.

- In einem anderen Behälter Apfelmus, Drink und Öl vermischen.

- Danach die trockenen Zutaten zu den feuchten Zutaten geben und in einem Mixer zu einer Creme vermischen. Die Konsistenz kann mit weiterer Flüssigkeit angepasst werden, sollte aber nicht zu flüssig sein.

- Cupcakeformen fetten, nur bis zu zwei Drittel der Höhe füllen, weil der Teig etwas aufgeht, und backen, bis ein eingesetzter Zahnstocher sauber herauskommt (ca. 30 Min.).

- Die Cupcakes komplett abkühlen lassen, bevor sie aus der Form genommen werden.

Zitronencreme

1 Portion

Zubereitung 5 Min.

10 Datteln • 100 ml Einweichwasser • Saft von 1 Zitrone • 2 EL Kokosmilch, cremig • 1 weiche Avocado • ¼ TL Vanillepulver • ½ EL Kokosöl

- Datteln im warmen Wasser 10 Min. einweichen, dann das Wasser abgießen.

- Fleisch aus der Avocado entnehmen und zusammen mit Zitronensaft, eingeweichten Datteln, Kokosmilch, Vanillepulver und Kokosöl pürieren. Den Geschmack mit mehr Zitronensaft oder Datteln anpassen.

- Die Creme entweder sofort verzehren oder aber vor dem Verzehr kalt stellen und im Kühlschrank etwas fester werden lassen.

Tipp Die Cupcakes kannst du in einem luftdichten Behälter mit einem Papiertuch darunter, das Feuchtigkeit aufnimmt, aufbewahren (ca. 3–5 Tage).

Cupcakes

Schokopudding

1 Portion
Zubereitung 5 Min.

- 1 reife Bananen (mit braunen Pünktchen auf der Schale)
- 1 weiche Avocado
- 2–3 TL Rohkakao
- 1–2 EL Mandeldrink
- Kokosflocken oder geraspelte Mandeln

- Banane schälen und das Fruchtfleisch aus der Avocado herausheben.

- Banane und Avocado in einen Mixer geben (oder mit einem Pürierstab pürieren), nach und nach etwas Kakao hinzugeben und vermischen, bis eine dunkle Creme entsteht und die gewünschte Süße erreicht ist.

- Die Konsistenz nach Wunsch mit etwas Mandeldrink oder z. B. Kokosmilch ändern.

- Die Creme in eine Puddingschale geben, mit Kokosflocken oder ein paar geraspelten Mandeln garnieren.

To go: Den Schokopudding kannst du auch in ein Schraubglas füllen und mit zur Arbeit nehmen.

Tipp Anstelle von Bananen eignen sich auch andere Süßungsmittel, wie z. B. Dattelsirup oder Agavendicksaft. Die Avocado lässt sich sehr gut durch 2–3 EL Nussmus ersetzen, das ergibt eine neue Geschmacksvariante. Bleibt bei der Verwendung von Avocado eine Hälfte übrig, kannst du sie als Snack für zwischendurch mitnehmen oder für einen weiteren Smoothie oder einen Salat verwenden. Wird die restliche Avocado noch aufgehoben, so sollte der Kern nicht entfernt werden. Er verhindert, dass das Avocadofleisch schnell braun wird. Beim Kauf solltest du die Avocado mit dem Daumen leicht eindrücken können.

Schoko-Bananen-Kugeln

Ca. 15 Kugeln

Zubereitung 10 Min., Backzeit 15 Min.

- 2 sehr reife Bananen (braune Pünktchen auf der Schale)
- 100 g Haferflocken
- 20–30 ml Mandeldrink
- 20 g Kokosflocken
- 10 g gepuffter Amaranth
- 3 TL roher Kakao
- ½ TL Zimt oder Vanillepulver (nach Geschmack)

- Bananen schälen, in kleine Stücke zerteilen und sie mithilfe einer Gabel zu einem Brei zerquetschen.

- Den Backofen (mit Unter- und Oberhitze) auf 180 Grad vorheizen.

- Haferflocken, Mandeldrink, Kokosflocken und Amaranth zusammen mit Kakao und Zimt in den Brei mischen.

- Gut umrühren und aus dem Teig kleine Kugeln formen (am besten mit angefeuchteten Händen). Die Konsistenz kann für die Formbarkeit mit Mandeldrink angepasst werden.

- Die Kugeln auf einem mit Backpapier ausgelegten Backblech verteilen und 10–15 Minuten backen.

- Aus dem Ofen nehmen und abkühlen lassen.

Tipp Die Kugeln kannst du zum Festwerden auch roh für 1–2 Stunden ins Gefrierfach legen. Im Kühlschrank halten sie sich dann 1–2 Tage.

Brownies

Brownies

1–2 Portionen
Zubereitung 5–10 Min., Einweichzeit 10 Min.

100 g getrocknete, entsteinte Datteln • Einweichwasser • 2–3 EL Rohkakao • 50 g Mandelmehl • 100 g Cashews natur

- Datteln 10 Min. in warmem Wasser einweichen.

- Das Einweichwasser zurückbehalten.

- In einem Mixer Datteln, Kakao, Mehl und Cashews zu einem Teig pürieren. Bei Bedarf etwas Einweichwasser hinzugeben, bis eine feste Creme entsteht.

- Die Creme dick oder dünn (nach Belieben) in eine flache Form drücken, gleichmäßig verstreichen und mit einem Messer in kleine Quadrate einteilen.

- Die Form für 2–3 Std. in den Gefrierschrank stellen und nach ein paar Stunden die Quadrate aus der Form schneiden.

Kraftriegel

Ca. 15 Riegel
Zubereitung 10 Min., fest werden 30–60 Min.

100 g entsteinte Datteln • 100 g Rosinen • 200 g Mandeln • 100 g feine Haferflocken • 100 g Nussmus (z. B. Mandelmus) • 2 EL Honig • 3–4 EL Mandelmilch • ½ TL Vanillepulver • 1 Prise Salz

- Datteln und Rosinen 10 Min. in warmem Wasser einweichen, dann das Wasser abschütten.

- Mandeln im Mixer kurz grob zerkleinern und in eine Schüssel umfüllen.

- Nun Datteln und Rosinen in den Mixer geben, kurz zerkleinern, die Mischung an der Innenwand des Mixers wieder herunterschieben und alle anderen Zutaten hinzugeben.

- Alles zu einer cremigen klebrigen Masse vermischen.

- Am Schluss rechteckige Riegel formen und zum Festwerden für 20–30 Min. in den Gefrierschrank, für 2 Std. in den Kühlschrank oder für 15 Min. bei 180 Grad in den Backofen geben.

Geröstete Kichererbsen

1 Portion
Vorbereitung 5 Min., Backzeit 20 Min.

100 g gekochte Kichererbsen • ½ TL gemahlener Kreuzkümmel • 1 EL Olivenöl • 1 TL Paprikapulver • 1 Prise Salz

- Den Backofen auf 180 Grad vorheizen.

- Kichererbsen, Öl und Gewürze in eine Schüssel geben und alles verrühren.

- Kichererbsen auf ein mit Backpapier ausgelegtes Backblech geben und 20–30 Min. rösten, bis sie goldbraun sind.

Tipp Knabbern erlaubt! Für Abwechslung bei den Kichererbsenchips sorgen unterschiedliche Gewürze wie Curry oder auch Chili, damit es nicht langweilig wird.

Basensaft

Ca. 500 ml
Zubereitung 10 Min.

1 Bund Bio-Stangensellerie • 1 Apfel • 1 Salatgurke

- Alles waschen und in den Entsafter geben.

Tipp Den Saft bereite ich mir morgens als Erstes zu und trinke ihn dann, während ich mich fertig mache, zwischendurch Schluck für Schluck. Bitte achte besonders bei dieser hohen Menge an Sellerie auf Biosellerie, da konventioneller Sellerie stark mit Pestiziden belastet sein kann.

Kurkuma Latte

1 Portion
Zubereitung 10–15 Min.

120 ml Wasser • 1 EL Kurkumapulver • 2 cm Ingwerknolle • 1 Prise Muskatnuss

Für das Getränk:
250 ml pflanzlicher Drink (z. B. Mandeldrink oder Kokosreisdrink) • 1 TL Kokosöl • 1 Prise Pfeffer • 1 Prise Zimt

- 120 ml Wasser in einen Topf geben und 1 EL Kurkumapulver hinzugeben.
- Ingwer schälen, raspeln und ebenfalls in den Topf geben. 1 Prise Muskatnuss hinzufügen und alles langsam unter Rühren aufkochen. Nach ca. 5–10 Min. entsteht eine Paste.
- Abkühlen lassen und in einem Glas im Kühlschrank aufbewahren (hält 2–3 Wochen).
- Für das Getränk pflanzlichen Drink erhitzen, ½–1 TL der Kurkumapaste und 1 TL Kokosöl sowie 1 Prise Pfeffer einrühren. Mit 1 Prise Zimt abschließend würzen.

Tipp Im Sommer das Getränk abkühlen lassen und mit Eiswürfeln als Sommerdrink genießen.

Multivitaminsaft

2 Gläser
Zubereitung 5 Min.

1 Grapefruit • 3 Orangen • 1 Apfel • 2 Karotten • 1–2 cm Ingwer

- Grapefruit und Orange waschen und schälen.
- Apfel, Karotte und Ingwer waschen.
- Alle Zutaten in einen Entsafter geben und fertig ist dein basischer Multivitaminsaft.

Tipp Grapefruits enthalten nicht nur Antioxidantien und Vitamin C, sondern auch die so wichtigen Bitterstoffe. Versuche doch mal den Anteil an Grapefruit mit der Zeit zu Gunsten der Orangen zu ersetzen.

Erfrischungsdrink

1 Portion

Zubereitung 5 Min.

1 kleine reife Banane (mit braunen Pünktchen auf der Schale) • ½ Gurke • 1100 ml frisch gepresster • Orangensaft • 1 TL weißes Mandelmus • 50 ml Wasser

- Banane schälen und Gurke waschen. Danach Orangensaft zusammen mit Banane, Gurke, Mandelmus und Wasser in einem Mixer verquirlen.

- In ein Glas abfüllen; mit ein paar Eiswürfeln ergibt das besonders im Sommer ein leckeres Erfrischungsgetränk.

Infused Water

1–2 Portionen

Zubereitung 5 Min.

1 Handvoll Heidelbeeren • 1 Handvoll Erdbeeren • 350 ml Wasser • 1 Prise Vanillepulver

- Heidelbeeren und Erdbeeren waschen und die Erdbeeren vierteln.

- Zusammen mit Wasser in eine Karaffe geben und im Kühlschrank 1 Stunde ziehen lassen.

- Etwas Vanillepulver hinzugeben, umrühren, fertig.

Infused Water

Stichwortverzeichnis

A
Amaranth 64
Apfelessig 70
Arbeitsklima 44
Aromadüfte 24
Atemtricks 25

B
Ballaststoffe 31, 46, 48, 49, 54, 60
Banane 53
Basenbad 22, 24
Basenbooster 52, 63
Basenbrei 46
Basensalz 25
Basentee 12
Bauchmuskeltraining 35
Beeren 61
Behälter
– aus Edelstahl 46, 48, 54, 75
– aus Glas 76
– aus Holz 76
– aus Weizenstroh 76
Bentobox 76
Bewegung 10, 34, 35, 38, 39
Bitterstoffe 53
Booster 52, 53, 56
Boxen 74
Brainbooster 59
Bratlinge 67
Brot 68
Buchweizen 64

C
Chiasamen 64
Cystustee 57, 59

D
Datteln 54
Dips 71
Drinks, pflanzliche 43, 46, 62, 69, 79

E
Erkältungszeit 56

F
Fertiggerichte 18
Fette, gesunde 20, 45
Früchte, getrocknete 45
Frühstück 12, 16, 46, 53, 79, 86

G
Garzeiten 18
Gelassenheit 59
Gemüse 68
Gemüsebrühe 70
Gerstengras 53
Geschäftsessen 82
Getränke 61, 80
Getreide, gekeimtes 70
Gewürze 71
Ginsengtee 32

H
Haferflocken 64, 70
Halsmuskeltraining 35
Hirse 64

I
Ingwer 56
Ingwertee 33

K
Kaffee 10, 12, 29, 30, 31, 32, 42
Kaffeealternativen 31
Kamillentee 33
Kantine 12, 17, 21, 39, 79
Kardamom 30
Kartoffeln 68
Kichererbsen 45, 48, 64
Knabbereien, leckere 45, 78
Kokosöl 71
Krampfadern 35, 36, 37
Kurkuma 36, 49, 57, 59, 63

L
Lapacho-Tee 33
Lebensmittel, basenbildende 10
Lebensmittel, säurebildende 10
Leinsamen 64
Lüften 26, 42
Luft, schlechte 25
Lunchbox 75, 79
Lupinenkaffee 32
Lymphsystem 35

M
Mandeldrink 12, 43, 69
Matcha-Tee 31
Meal Prep 17
Medjool-Datteln 71
Mllchalternativen 69
Mittagstief 40
Mixer 80
Müsli, basisches 12, 46, 67
Müslibecher to go 79

N
Nahrungsmittel, säurebildende 12
Nudeln 64, 68
Nüsse 45, 60, 64

O
Osmoseprozess 22

P
Pflanzen 27
Pflanzen, glutenfreie 15, 16, 20, 46, 64, 66, 68

Q
Quinoa 64

R
Reisen 83

S
Säfte, frische 49
Säfte, süße 48
Samen 64
Sauerstoff 27
Säurebildner 14, 15
Säurequellen 32

Schichten 78
Schlaf 28
Schlafmangel 27
Schraubglas 78
Schwarzkümmelöl 57
Sick-Building-Syndrom 25
Side Dishes 82
Smoothie 48, 62
Snacks 29, 68
Stress 10, 15, 21, 25, 27, 29, 32, 44, 54, 66
Stressresistenz 59
Suppen 67
Süßungsmittel 71

T
Tahini 64, 71
Topping 63, 71
Trampolinspringen 35
Transport 74
Trockenbürstungen 35
Trockenfrüchte 64
Tupperdosen 75

U
Übersäuerung 14, 34

V
Vorrat 64, 66

W
Wachmacher, gesunde 32
Wachmacher, ungesunde 29
Wadenwipp 36
Walking Meeting 37
Wasser 35, 49
Wraps 67

Z
Zistrosetee 59

Rezeptverzeichnis

A
Amaranth-Quinoa-Müsli 97
Apfel
– Apfel-Bananen-Bowl 94
– Apfelchips, getrocknete 93
– Apfel-Zimt-Hirse-Mus 100
– Basensaft 146
– Cupcakes 140
– Energiesmoothie 94
– Erdmandelmüsli 99
– Multivitaminsaft 147
– Spicy Ingwershot 55
– Süße Pancakes 110
Aubergine
– Blumenkohlreispfanne 108
– Gemüsebrühepulver 134
– Linsenratatouille 110
– Quinoasalat mit Ofengemüse 111
– Süßkartoffelpfanne 122
Avocado
– Pfannkuchensandwiches 126
– Schokopudding 142
– Zitronencreme 140

B
Banane
– Amaranth-Quinoa-Müsli 97
– Apfel-Bananen-Bowl 94
– Erfrischungsdrink 148
– Mandel-Quinoa-Müsli 90
– Schoko-Bananen-Kugeln 143
– Schokopudding 142
– Smoothie 50
– Süße Pancakes 110
– Süßes Brot 99
Basensaft 146
Basis-Salatdressing fürs Büro 133
Beeren
– Beeren-Overnight-Oats im Glas 77
– Beeren-Spinat-Smoothie 148
Blattsalat
– Salat to go 115
– Vital-Bowl 122
Blumenkohl
– Blumenkohlreispfanne 108
Bohnen
– Bohnendip 137
– Salatwraps 115
Brokkoli
– Brokkolisalat 123
– Kichererbsenpfanne 104
– Pfannkuchensandwiches 126
– Sellerieschnitzel mit Feldsalat 106
– Süßkartoffelpfanne 122
Brownies 145
Buchweizen-Knuspermüsli 93
Buttersalat 112

C
Cashews
– Brokkolisalat 123
– Brownies 145
– Cashewmus 135
– Chiapudding im Glas 88
Champignons
– Buttersalat 112
– Linsenspirelli 120
Chiapudding im Glas 88
Couscoussalat 107
Cracker 65
Cupcakes 140

D
Datteln
– Brownies 145
– Dattelcreme 130
– Gefüllte Datteln und getrocknete Feigen mit Mandeln 47
– Kraftriegel 145
– Zitronencreme 140

E
Energiesmoothie 94
Erdmandelmüsli 99
Erfrischungsdrink 148

F
Falafeln 118
Falafelwraps 117
Feigen
– Feigenmarmelade 133
– Gefüllte Datteln und getrocknete Feigen mit Mandeln 47
Flockenfrühstück Grundrezept 89
Fruchtige Suppe 125

G
Gemüsebratlinge 108
Gemüsebrühe 134
Gemüsebrühepulver 134
Gemüsenudeln 118
Grüner Dip 137
Gurke
– Basensaft 146
– Buttersalat 112
– Gemüsenudeln 118
– Rucola-Kartoffel-Salat 125
– Salat to go 115
– Smoothie 50

H
Haferflocken
– Basic-Granola 92
– Beeren-Overnight-Oats im Glas 77
– Kraftriegel 145
– Mischbrot 101
– Schoko-Bananen-Kugeln 143
Haselnüsse
– Nussdrink 131
Heidelbeeren
– Erdmandelmüsli 99
– Infused Water 148
– Walnuss-Heidelbeer-Müsli 90
Hirse
– Apfel-Zimt-Hirse-Mus 100
Hirseflocken
– Walnuss-Heidelbeer-Müsli 90
Hummus 130

I
Immunbooster de luxe 58
Infused Water 148

Ingwer
– Apfel-Bananen-Bowl 94
– Energiesmoothie 94
– Erkältungsbooster de luxe 58
– Fruchtige Suppe 125
– Grüner Dip 137
– Kurkuma Latte 147
– Spicy Ingwershot 55

K
Karotte
– Blumenkohlreispfanne 108
– Falafelwraps 117
– Fruchtige Suppe 125
– Gemüsebratlinge 108
– Gemüsebrühe 134
– Gemüsebrühepulver 134
– Gemüsenudeln 118
– Kichererbsenpfanne 104
– Linsenspirelli 120
– Multivitaminsaft 147
– Salat im Glas 19
– Vital-Bowl 122
Kartoffeln
– Rucola-Kartoffel-Salat 125
– Sesamkartoffeln mit Mangosauce 104
Kichererbsen
– Falafeln 118
– Geröstete Kichererbsen 146
– Hummus 130
– Kichererbsenpfanne 104
– Quinoasalat mit Ofengemüse 111
Kraftriegel 145
Kürbiskerne
– Basic-Granola 92
– Süßkartoffel-Frühstücksmus 100
Kurkuma
– Kurkuma Latte 147

L
Leinsamen
– Gemüsebratlinge 108
– Pfannkuchensandwiches 126
– Süße Pancakes 110
Linsen, rote
– Linsenratatouille 110
– Linsenspirelli 120

M
Mais
– Salatwraps 115
Mandeln
– Basic-Granola 92
– Buchweizen-Knuspermüsli 93
– Gefüllte Datteln und getrocknete Feigen mit Mandeln 47
– Kraftriegel 145
– Mandel-Quinoa-Müsli 90
– Mischbrot 101
– Süßes Brot 99
Mango
– Sesamkartoffeln mit Mangosauce 104
Mischbrot 101
Multivitaminsaft 147
Mungobohnensprossen
– Basenbooster Sprossensalat 119
– Vital-Bowl 122

N
Nussdrink 131

O
Orange
– Basenbooster Sprossensalat 119
– Multivitaminsaft 147
– Spicy Ingwershot 55

P
Petersilie
– Grüner Dip 137
Pfannkuchensandwiches 126

Q
Quinoa
– Amaranth-Quinoa-Müsli 97
– Grundrezept Quinoa 96
– Mandel-Quinoa-Müsli 90
– Quinoasalat mit Ofengemüse 111
– Spinat-Quinoa-Salat 119

R
Rucola-Kartoffel-Salat 125

S
Salat
– Salat im Glas 19
– Salat to go 115
– Salatwraps 115
Schoko-Bananen-Kugeln 143
Schokopudding 142
Sellerie
– Basensaft 146
– Gemüsebrühe 134
– Gemüsebrühepulver 134
– Sellerieschnitzel mit Feldsalat 106
Senf 136
Sesam
– Cracker fürs Büro 65
– Sesamdip 135
– Sesamkartoffeln mit Mangosauce 104
Smoothie 50
Sojasprossen
– Basenbooster Sprossensalat 119
– Salat im Glas 19
Sonnenblumenkerne
– Mischbrot 101
– Süßes Brot 99
Spinat
– Beeren-Spinat-Smoothie 148
– Energiesmoothie 94
– Smoothie 50
– Spinat-Quinoa-Salat 119
– Süßkartoffel-Frühstücksmus 100
Süße Pancakes 110
Süßes Brot 99
Süßkartoffel
– Geröstete Süßkartoffeln 120
– Süßkartoffel-Frühstücksmus 100
– Süßkartoffelpfanne 122

T
Tahini
– Hummus 130
– Sesamdip 135
Tomaten
– Buttersalat 112
– Couscoussalat 107
– Falafelwraps 117

– Gemüsebrühe 134
– Wildkräutersalat 123
Topinambur mit Buttersalat 112

V
Vegane Butter 136

W
Walnüsse
– Falafeln 118
– Spinat-Quinoa-Salat 119
– Walnuss-Heidelbeer-Müsli 90
– Zucchinirollen mit Walnusscreme 114
Wildkräutersalat 123

Z
Zitronencreme 140
Zucchini
– Gemüsebratlinge 108
– Gemüsenudeln 118
– Linsenratatouille 110
– Quinoasalat mit Ofengemüse 111
– Salat im Glas 19
– Salat to go 115
– Süßkartoffelpfanne 122
– Zucchinirollen mit Walnusscreme 114

Bibliografische Information der Deutschen Nationalbibliothek
Die Deutsche Nationalbibliothek verzeichnet diese Publikation in der Deutschen Nationalbibliografie; detaillierte bibliografische Daten sind im Internet über http://dnb.d-nb.de abrufbar.

Programmplanung: Uta Spieldiener
Projektmanagement: Sabine Ilg
Redaktion: Dr. Gabriele Schweickhardt, Frankfurt am Main
Bildredaktion: Christoph Frick, Caroline Merdian
Umschlaggestaltung und Layout: CYCLUS · Visuelle Kommunikation, Stuttgart

Bildnachweis:
Umschlagfoto und Bild S. 3: Meike Bergmann, Berlin
Autorenfoto: Jessylee Photographie
Fotos im Innenteil:
S. 13, 19, 23, 41, 50, 65, 77, 81: Gunda Dittrich, Wien; alle anderen Bilder: Rogge & Jankovic, Köln

1. Auflage 2021

TRIAS in Georg Thieme Verlag KG
Rüdigerstraße 14, 70469 Stuttgart, Germany
www.trias-verlag.de

Printed in Germany

Satz: Reemers Publishing Services GmbH, Krefeld
gesetzt in Adobe Indesign CC 2020
Druck: AZ Druck und Datentechnik GmbH, Kempten

Gedruckt auf chlorfrei gebleichtem Papier

ISBN 978-3-432-11316-6
Auch erhältlich als E-Book:
eISBN (ePub) 978-3-432-11317-3

2 3 4 5 6

MIX
Papier | Fördert gute Waldnutzung
FSC® C008457

Wichtiger Hinweis: Wie jede Wissenschaft ist die Medizin ständigen Entwicklungen unterworfen. Forschung und klinische Erfahrung erweitern unsere Erkenntnisse. Ganz besonders gilt das für die Behandlung und die medikamentöse Therapie. Bei allen in diesem Werk erwähnten Dosierungen oder Applikationen, bei Rezepten und Übungsanleitungen, bei Empfehlungen und Tipps dürfen Sie darauf vertrauen: Autoren, Herausgeber und Verlag haben große Sorgfalt darauf verwandt, dass diese Angaben dem Wissensstand bei Fertigstellung des Werkes entsprechen. Rezepte werden gekocht und ausprobiert. Übungen und Übungsreihen haben sich in der Praxis erfolgreich bewährt.

Eine Garantie kann jedoch nicht übernommen werden. Eine Haftung des Autors, des Verlags oder seiner Beauftragten für Personen-, Sach- oder Vermögensschäden ist ausgeschlossen.

Datenschutz
Wo datenschutzrechtlich erforderlich, wurden die Namen und weitere Daten von Personen redaktionell verändert (Tarnnamen). Dies ist grundsätzlich der Fall bei Patienten, ihren Angehörigen und Freunden, z. T. auch bei weiteren Personen, die z. B. in die Behandlung von Patienten eingebunden sind.

Gesund und Schlank – mit TRIAS

Gabriela Hoppe
Keine Angst vorm Fasten

Dunja Rieber
Scheinfasten – das 5-Tage-Programm

Sabine Wacker
Basenfasten für Eilige

Bettina Snowdon
Das einfachste Heilfasten-Buch aller Zeiten

Stefanie Pölzl-Huemer
Das einfachste Zuckerfrei-Buch aller Zeiten

Nora Weweler
Das einfachste Glukose-Balance-Kochbuch aller Zeiten

Anne Iburg
Die einfachste Haferkur aller Zeiten

Bettina Snowdon
Das einfachste Leberfasten aller Zeiten

Lulit Wunder/Mabon Wunder
Wunderleicht Leberreinigung

TRIAS

Mehr Bücher finden Sie hier
trias-verlag.de